浙江农林大学 文科精品文库

教育部人文社会科学研究青年基金项目（22YJC630212）研究成果
浙江省新型重点专业智库——浙江农林大学生态文明研究院、碳中和研究院研究成果

数字经济时代推进绿色消费的嵌入式监管政策工具研究

赵 婧 著

中国农业出版社
农村读物出版社
北 京

图书在版编目（CIP）数据

数字经济时代推进绿色消费的嵌入式监管政策工具研究 / 赵婧著. —北京：中国农业出版社，2023.7
ISBN 978-7-109-30803-9

Ⅰ.①数… Ⅱ.①赵… Ⅲ.①绿色消费—监管制度—研究—中国 Ⅳ.①F126.1

中国国家版本馆 CIP 数据核字（2023）第 108729 号

数字经济时代推进绿色消费的嵌入式监管政策工具研究
SHUZI JINGJI SHIDAI TUIJIN LÜSE XIAOFEI DE QIANRUSHI
JIANGUAN ZHENGCE GONGJU YANJIU

中国农业出版社出版
地址：北京市朝阳区麦子店街 18 号楼
邮编：100125
责任编辑：姚　佳　　文字编辑：张潇逸
版式设计：杨　婧　　责任校对：吴丽婷
印刷：中农印务有限公司
版次：2023 年 7 月第 1 版
印次：2023 年 7 月北京第 1 次印刷
发行：新华书店北京发行所
开本：880mm×1230mm　1/32
印张：7
字数：200 千字
定价：68.00 元

前　言

尽管受到新冠疫情的持续冲击，2021 年我国最终消费支出对经济增长的贡献率仍达到 65.4%，可见消费是经济增长的主引擎，也是经济稳定运行的压舱石①。但同时不容忽视的是，污染性、破坏性、浪费性、不合理消费等非绿色消费问题也逐渐显露并日趋突出。非绿色消费以环境污染和资源枯竭为代价，而行为人却不必为此承担任何成本，个人利益与社会利益严重不对等，造成市场失灵，需要政府监管才能得以解决。

一般意义上讲，监管又称管制，是指政府对企业和个人行为的引导、限制或约束。推进绿色消费的监管就是推进对非绿色消费行为的干预和约束，推进对绿色消费行为的引导和激励。在推进绿色消费的监管中，我国与国际社会一样经历了监管对象由仅针对企业行为向逐渐覆盖消费行为的转变历程。2001 年我国启动"绿色消费年"，首次提出推行绿色消费方式，主要通过宣传教育等手段来提升绿色消费意识。随着我国经济发展进入新常态，国家倡导绿色消费要成为全民行动体系，开始探寻对消费端监管的政策机制，如《环境保护部关于加快推动生活方式绿色化的实施意见》（环发

---

① 孟珂：《2021 年最终消费支出对经济增长贡献率为 65.4% 消费结构持续改善》，《中国经济网》，2022 年 1 月 18 日。

〔2015〕135 号）中提出强化相关政策机制创新，全面构建推动生活方式绿色化全民行动体系；国家发展改革委等十部门联合印发《关于促进绿色消费的指导意见》中进一步提出监管的方式方法，如大力推广利用"互联网＋"促进绿色消费等。党的十九大以来，我国明确了以生活方式绿色化带动生产方式绿色化的推进绿色消费方向，并将推进绿色消费提升到制度体系层面，中共中央、国务院在《关于全面加强生态环境保护 坚决打好污染防治攻坚战的意见》（2018 年 6 月 16 日）中提出加快建立绿色生产消费的法律制度和政策导向，党的十九届四中全会进一步强调要完善绿色生产和消费的法律制度和政策导向。

　　基于此，在推进绿色消费领域需要继续探索对消费端进行监管的方式方法，创新监管的政策工具。政策工具既是政策机制创新的载体，也是制度和政策的具体实现形式。随着以大数据、人工智能等新兴数字技术为代表的数字经济时代的到来，数字技术为推进绿色消费的监管提供了多种可能性，拓展了监管政策工具的辐射范围、信息化了监管政策工具的表现形式等，推进绿色消费的监管呈现出不同以往的监管逻辑与特征；而且数字经济时代的绿色消费行为与传统时代相比也发生了转变，如个体的绿色消费动机、价值诉求、行为偏好等。在数字经济时代推进绿色消费是要解决监管的效率和效果问题，不仅要在经济学的激励理论框架下分析如何调动消费者进行绿色消费的积极性，而且要以更综合的、跨学科的视角审视数字经济时代如何重塑消费者的心理与行为模式，以及监管的信息传递模式，去论证能否以最小的监管成本、消费者最易于接受的监管方式达到最大化的监管效果，并探寻其背后的因果机制。在数字经济时代推进绿色消费的监管要重点解决两大问题：一是消费者如何看待监管政策工具，接受度如何、偏好如何？二是如何创新传统的监管政策工具，并能充分彰显和响应数字经济时代对绿色消费及其监管的变革性影响？

鉴于推进绿色消费的监管是横跨多学科、多领域的社会问题，本书以管制经济学理论为依托，并综合运用行为经济学、实验经济学以及社会心理学等理论，以跨学科的研究视角将以上监管的实践问题提炼为学术问题，展开规范的理论与实证分析，旨在为推进绿色消费的监管提供一个开放性的监管思路和路径，为后续的进一步研究提供分析框架和研究数据。本书提出并系统分析阐述三个研究问题：

（1）数字经济时代推进绿色消费需要怎样的监管政策工具。

（2）数字经济时代推进绿色消费的监管政策工具如何发挥作用。

（3）数字经济时代推进绿色消费的监管政策工具的实施效果如何。

遵循研究问题并结合现有理论和文献，本书提出利用嵌入式监管来推进数字经济时代的绿色消费。嵌入式监管首先是监管政策工具组合，其次强调组合方式是嵌入式组合，对消费者线上消费过程进行信息干预，影响消费者决策，"助推"绿色消费行为。本书主要展开四个方面的分析：

（1）推进绿色消费的嵌入式监管的分析框架构建。

（2）推进绿色消费的嵌入式监管政策工具选择分析。

（3）推进绿色消费的嵌入式监管政策工具作用机制分析。

（4）推进绿色消费的嵌入式监管政策工具实施效果分析。

本书构建了数字经济时代推进绿色消费的嵌入式监管的"工具—机制—效果"分析框架，并在此基础上展开实证分析，对嵌入式监管政策工具选择的属性特征、微观偏好和嵌入式监管政策工具的作用机制、实施效果等重要问题进行论证阐述。采用离散选择实验考察消费者在不同监管政策工具属性间的权衡过程，以及影响消费者监管政策选择偏好的因素，从"偏好—工具"视角进行嵌入式监管政策工具的选择分析；进一步分析嵌入式监管政策工具的作用机制，建立"启动—决策"机制模型；基于随机控制实验原理，设计在线购物情景的政策模拟实验来评估监管政策实施效果，并利用因果中介分析方法对嵌入式监管政策工具的机制进行检验。最后从应用场景、监管效率、配套措施、监管效果四个方面提出嵌入式监管政策工具的优化方案，并在每个优化方案的基础上绘制优化路线图，遵循从行为机制优化到社会机制优化再到制度运行机制优化的路径。

本书研究发现：（1）嵌入式监管政策工具是信息嵌入式的监管政策工具组合，实现对消费情境和监管对象的嵌入。（2）嵌入式监管政策工具对促进绿色消费行为转化的实施效果好于单一监管政策工具。（3）嵌入式监管政策工具不仅促进绿色消费行为由非绿到绿转化，还能够促进绿色消费行为由浅绿到深绿升级。（4）嵌入式监管政策工具使消费者的信息处理路径由边缘路径向中央路径发生迁移。（5）嵌入式监管政策工具更依赖心理机制变量对绿色消费行为产生积极影响。（6）嵌入式监管政策工具的中介机制作用发挥存在边界条件，不同群体的心理机制具有差异性。

　　本书的研究贡献可能在于：（1）为推进绿色消费的监管提供了创新性的研究观点。①数字经济时代推进绿色消费的监管从分到合，从面到点，从智能到智慧，从连接到嵌入；②嵌入式监管政策工具的分析框架是基于"工具—机制—效果"的分析框架；③嵌入式监管政策工具的选择是基于"偏好—工具"的选择路径；④嵌入式监管政策工具基于"启动—决策"机制过程发挥作用。（2）为推进绿色消费的监管拓展了研究视域。①从监管政策工具的选择到嵌入式监管政策工具的分析框架的构建；②从实施效果的分析到作用机制的检验与优化；③从衡量绿色消费意愿到关注绿色消费行为转化。同时尝试在实践上，①提供数字经济时代推进绿色消费的监管思路和实施路径，②提升数字经济时代推进绿色消费的监管的效率和效果，③为数字经济时代推进绿色消费的精细、精准施策提供研究基础。

目 录

前言

■ 第一章　导　　论

第一节　研究的背景和意义

一、研究背景

（一）现实背景

非绿色消费引起的环境污染、资源枯竭等负外部性问题，使社会成本与私人成本之间发生偏离，导致市场失灵，需要政府的介入才能得以解决。政府的介入是指对非绿色消费行为进行控制和约束、对绿色消费行为进行引导和激励，即需要推进绿色消费的监管。消费的负外部性产生的主体是消费者，且表现在日常生活消费中，所以对推进绿色消费的监管而言，已不是需不需要监管的问题，而是如何进行监管的问题。习近平总书记指出，"要充分认识形成绿色发展方式和生活方式的重要性、紧迫性、艰巨性，把推动形成绿色发展方式和生活方式摆在更加突出的位置"。绿色消费是生活方式绿色化理念的支撑，促进绿色消费既是绿色经济转型的强大推动力、推动绿色发展的有效路径，更是缓解资源环境压力、建设生态文明的现实需要。

党的十八大以来，国家出台了一系列监管政策来推进绿色消费，如《中共中央　国务院关于加快推进生态文明建设的意见》（中发〔2015〕12号）、《环境保护部关于加快推动生活方式绿色化的实施意见》（环发〔2015〕135号）、《关于促进绿色消费的指导意见》、《国务院办公厅关于建立统一的绿色产品标准、认证、标识体系的意见》（国办发〔2016〕86号）等，监管政策工具主要以控制命令、经济激励、信息引导三类为主，并且提出要完善政策评估体系，科学评估政策实施效果。党的十九大后，推进绿色消费的监管政策突显"全民行动"的重要性，强调要系统推进、广泛参与，并且提出要分类施策，如国家发展改革委印发的《绿色生活创建行动总体方案》等。党的十九届四中全会进一步提出要完善绿色生产和消费的法律制度和政策导向。一系列政策文件的出台说明了推进绿色消费的重要性和紧迫性，国家也加大了对"如何进行绿色消费监管"这一研究问题的关注与投入，从近年来国家社科基金重点、重大项目立项情况就可见一斑（表 1-1）。

表 1-1　国家社科基金重点、重大项目立项情况

年度	项目名称	项目性质
2018	全面推进绿色消费 3.0 的现代监管政策研究	国家社科基金重点项目
2019	推进居民绿色消费升级的监管体系研究	国家社科基金重大项目
2020	数字经济时代完善绿色生产和消费的制度体系和政策工具研究	研究阐释党的十九届四中全会精神国家社科基金重大项目

来源：全国哲学社会科学工作办公室网站，http：//www. nopss. gov. cn/。

　　目前，我国在推进绿色消费的监管实践中仍存在待解决的监管难点与监管痛点，如监管部门在政策文件中多次提到要加强宣传教育、大力推动消费理念绿色化、规范消费行为、引导消费者自觉践行绿色消费，但是这类信息引导型监管政策工具主要以引导、教育、树典型等传统形式展开，没有与消费情境充分结合、进行更具针对性的差别化的信息引导，还是属于广撒网式的"广播式"信息灌输。经济激励型监管政策工具存在与消费者脱节的情况，监管部门出台的经济激励政策往往是最直接受益的消费者最晚知道，如对私人购买新能源汽车的财政补助是通过补助汽车生产企业实现的，孙晓华和徐帅（2018）研究指出，针对那些对政府补贴政策不是很了解的消费者，经济激励政策对其购买新能源汽车的意愿的影响不显著，即在信息不对称的情况下，经济激励政策发挥效果不充分。此外，经济激励政策如何以最小的激励成本达到最大化的监管政策效果是监管部门待解决的监管难点，李国栋等（2019）基于上海的新能源汽车销售数据，研究发现当与免费专用牌照政策组合使用时，政府补贴力度可以减缓而不影响政策效果，这说明经济激励型监管政策工具的使用有其方式方法，需要在其他绿色消费品类和消费情境下做进一步探索。控制命令型监管政策工具的效果最直接干脆，但是如何能让消费者从心理上欣然接受与支持仍是待探索的监管痛点，否则可能会造成"按下葫芦浮起瓢"的监管窘境。如升级版限塑令发布以来①，厂商禁不住消费者关于纸吸管"易软烂""不禁泡"等的"吐槽"，使用涂敷石蜡、聚合物薄膜等防水物质加厚吸管管体，反而增加了纸吸管的降解时长、加大了回收处理难度②。

伴随 2017 年"数字经济"以及 2018 年"数字中国"相继被写入政府工作报告，我国迈入以互联网、大数据、人工智能等新兴数字技术为依托的数字经济时代。数字经济带来了基于技术驱动的监管方式的变革，利用新一代信息技术，通过互联化、数字化、智能化等手段，收集、整合、分析监管的关键信息，可以让监管各环节协调运作，让监管资源的分配更加合理和充分，让监管工作能够对需求作出智能响应（黄果，2018），使监管方式从单向运作向双向互动转变；借助于大数据分析技术，消费者的消费行为能够被深刻洞察、分析与预测，可以为消费者画像，也为分类施策、制定差别化监管策略提供了可能。同时，数字经济的快速发展深刻影响着人们的消费模式，公众的消费观念、消费内容、消费场景等都在发生变化，消费行为越加网络化、平台化，消费者趋向于信息实效和自主决策，并在心理和决策路径上发生变化（韩文龙，2020）。传统的监管政策工具（控制命令、经济激励、信息引导等）如何与数字

---

① 《国家发展改革委　生态环境部关于进一步加强塑料污染治理的意见》（发改环资〔2020〕80 号）。

② 陈珂：《从"吸管换装"看限塑如何走过艰难一步》，《中国报道》，2021 年 03 期。

经济时代的消费情境相结合，选择有效的监管政策工具来响应数字经济时代绿色消费及其监管的转变，进而干预消费者行为、促进绿色购买？这是数字经济时代推进绿色消费的监管面临的机遇，也是挑战。关于在数字经济时代如何进行进一步监管以提升监管的效率和效果还需要做进一步思考。

（二）理论背景

我国监管研究的盛况并没有自动带来监管理论研究的突破（刘鹏，2009），西方管制经济学理论被引入我国后，成为我国监管问题研究的主要理论源泉，但之后我国监管理论再没有大的突破（杨炳霖，2014），不同领域发展了各自的监管理念，监管理念呈现碎片化状态，尤其是在推进绿色消费的监管研究领域，针对监管政策工具的选择、效果评估等没有系统化的阐述。

数字经济时代技术的变革使监管政策工具的表现形式越来越多样化，选择能够被消费者所接受、偏好的监管政策工具成为监管发挥有效性的前提。目前，我国监管政策工具的选择研究主要基于这样几种范式（陈振明等，2017；郭跃等，2020）：一是"目标—工具"范式，强调监管政策工具要实现监管政策目标，关注监管政策工具选择达成的效果与效率；二是"背景—工具"范式，强调监管政策工具本身的属性特征及背景因素；三是"制度—工具"范式，强调监管政策工具的选择不受政策本身效力的影响，而是受制度结构、风俗惯例、认知与行为方式等的影响；四是"网络—工具"范式，该范式认为监管政策工具的选择是一个复杂的过程，应该关注监管目标、监管对象、监管机构和监管政策应用的网络协同性。这些监管政策工具选择的研究范式覆盖了目的导向视角和过程导向视角，囊括了影响监管政策工具选择的多种因素，但却缺乏从监管对象的视角研究其监管政策偏好对监管政策工具选择的影响，忽略了选择被消费者所接受的监管政策工具也是提升监管效率的有效途径。

推进绿色消费的监管评估理论发展相对滞后，相关理论多是从环境监管领域发展而来，而且实际操作中也面临很多不确定因素。

一是由于推进绿色消费是对消费行为的干预，而消费行为数据并不像企业端数据易于收集，导致监管的效果难以量化评估；二是出台的监管政策多涉及供需两端，所以在政策效应的评估上很难做因果判断。监管政策效果是在监管政策评估中逐步改进和提升的，政策实践也是在监管政策效果的不断评估和改进中进行的，只有政策实践的积累才能反哺理论，促进理论发展。推进绿色消费的监管政策工具需要创新，监管效果的评估也是对有效创新的检验。目前，国外对推进绿色消费的监管效果的评估多是基于政策实验设计下的反事实框架进行研究，而我国这方面的研究还比较匮乏。

数字经济时代的消费行为和监管行为均发生了转变，现有的研究虽然已经开始关注数字经济时代消费与监管的变革（马香品，2020；韩文龙，2020；刘建义，2019），但鲜有研究总结提炼绿色消费在数字经济时代呈现的新特征，而且现有的监管研究主要围绕数字技术驱动的智能化监管方式的改进、监管效能的提升等方面（罗思洁，2018；郑石明，2016），缺乏在数字经济时代的消费情境下基于绿色消费行为洞察的监管政策工具的选择与实施效果研究。此外，由于单一监管政策工具的局限性已被学者证实，如信息型监管政策工具解决了绿色消费态度到绿色消费意愿的差距，但未必会带来行为的变革（Ölander 和 Thøgersen，2014；陈凯和赵占波，2015）；经济激励型监管政策工具将个体的感知控制点转移到激励行为的外部因素，可能会"挤出"绿色消费行为的内在动机（Frey 和 Jegen，2001）；控制命令型监管政策工具的使用可能会降低公众未来合作的可能性（Wunder 等，2018）。所以学者们开始将不同的监管政策工具进行组合以提升监管效果（Perino 等，2014；Matsukawa，2015），但是学者们的研究结论不尽一致，且对监管政策工具如何组合以及监管政策工具组合的作用机制缺乏深入探讨。

（三）研究问题

鉴于以上的现实背景和理论背景的回顾，本书提出并系统分析阐述以下研究问题：

1. 数字经济时代推进绿色消费需要怎样的监管政策工具。数字经济为推进绿色消费的监管带来了"硬件"的变革：大数据技术、智能技术等拓展了监管的方式方法，精准监管、协同监管实现了监管效率的提升，同时拓展了监管的辐射范围并丰富了监管政策工具的表现形式。此外，数字经济正在颠覆传统的监管逻辑：监管模式从单向监管走向双向监管，监管机制从强制机制、选择机制走向互动机制、匹配机制，监管的特征从条块化、碎片化走向定制化、实时化。这些监管"软件"的升级为推进绿色消费的监管以多角度、多场景"助推"绿色消费行为提供了广阔的发挥空间。以多样化的表现形式渗透进消费者的决策过程，以潜移默化、润物细无声而又处处见青山的方式让消费者进行绿色消费，并且监管部门成为数字经济时代共创共享生态圈的一部分，这都是推进绿色消费的监管在数字经济监管变革冲击下的响应，在数字经济时代需要提升监管政策工具的深度和广度。

2. 数字经济时代推进绿色消费的监管政策工具如何发挥作用。推进绿色消费的监管政策工具旨在改变微观个体的消费行为，使消费行为"向善""向绿"，它通过对微观个体的行为进行干预而发挥作用，有效的行为干预基于对微观个体心理、行为的细致洞察以及对心理、行为变化的灵敏捕获。数字经济时代不仅重塑了推进绿色消费的监管，也在深刻影响微观个体的绿色消费行为。绿色消费观念从群体价值向个体价值转变，绿色消费更追求与个体价值的契合；绿色消费场景从有边界向无边界扩展，绿色消费形成虚拟与现实的双覆盖；绿色消费方式从产品化向信息化过渡，绿色消费容易陷入"爆炸式"信息"裹挟"下的两极化选择困境；绿色消费心理从"我能买到什么"向"我能成为什么"转变，绿色消费实现自我认同并塑造社会价值。绿色消费行为的变化必然导致行为干预机制、路径的变化，如果仍采用传统的监管政策工具可能导致其作用效果的不尽如人意。数字经济时代推进绿色消费的监管政策工具要根据数字经济时代的"心理、行为元素"进行机制优化。

3. 数字经济时代推进绿色消费的监管政策工具的实施效果如何。推进绿色消费的监管政策工具最直观的实施效果是考察微观个体由非绿色消费行为到绿色消费行为的转化效果，这是结果导向的"是否"问题，也是传统监管政策工具实施效果评估的聚焦点。然而数字经济时代的监管政策工具的实施效果评估，还要回答内容导向的"如何"问题。内容导向的评估主要指监管政策工具设计如何影响行为改变，即更细致地研究监管政策工具制定和实施过程，揭示这种政策过程与行为改变之间的直接联系，并根据评估效果适时调整、修正监管政策工具，形成一个基于实施效果评估的循环过程。换言之，数字经济时代推进绿色消费的监管政策工具的评估，不仅是行为转化效果的检验，也是对监管政策工具实施效率的审视，它体现的是监管政策工具选择、机制优化、效果分析的动态循环过程。

二、研究意义

(一) 理论意义

本书的理论意义体现在以下三个方面：

1. 阐述数字经济时代推进绿色消费的监管逻辑和理念。数字经济时代推进绿色消费的监管逻辑和理念正在发生转变，这是嵌入式监管产生的背景，也是其产生的条件。深入分析、阐述数字经济时代推进绿色消费的监管逻辑和理念是嵌入式监管政策工具选择及其效果研究的前提，也为后续展开相关研究提供研究基础，具备理论意义。本书从逻辑起点、监管特征、监管模式、监管机制、监管目标等五个方面阐述监管逻辑由传统时代的构成逻辑向生成逻辑的转变，并阐述数字经济对推进绿色消费的监管理念的影响：从"分头监管""多方施策"到形成"监管合力"再到形成"政策合力"，从"广撒网""面面俱到"式监管向"对症下药""点对点"式监管转变，从"技术赋能"的智能监管到"机制优化"的智慧监管，从横向或是纵向一维的"连接"到横纵向二维的"嵌入"。

2. 提出数字经济时代推进绿色消费的嵌入式监管及其分析框架。 虽然一些学者对嵌入式的治理、监管已展开研究，但不同领域往往有其不同的嵌入式含义和形式。本书基于"连接、关联"的嵌入性逻辑和嵌入式监管的理念，结合数字经济的时代背景提出推进绿色消费的嵌入式监管包含三个层面的嵌入：一是监管政策工具之间的嵌入，二是监管政策工具与消费情境的嵌入，三是监管政策工具与监管对象的嵌入。从而呈现出监管部门与监管对象、监管过程之间崭新的结构优化、关系转换图景，并进一步提出推进绿色消费的嵌入式监管是基于"工具—机制—效果"的分析框架。在此分析框架内，不仅包含监管政策工具的选择分析，还囊括监管政策工具的作用机制分析、实施效果分析，以及对监管政策工具的优化分析。

3. 论证数字经济时代嵌入式监管政策工具的选择及其作用机制。 本书在推进绿色消费的嵌入式监管的分析框架下，从监管对象的角度，围绕消费者对监管政策的接受度、偏好程度进行嵌入式监管政策工具的选择分析，重点考察消费者在不同监管政策属性之间的权衡过程以及不同的监管政策情境对消费者权衡过程的影响，在此基础上挖掘不同监管政策属性在监管政策组合中的不同作用，从而得出嵌入式监管的具体政策工具的表现形式。此外，研究中除了会验证嵌入式监管政策工具是否会对行为转变产生影响，还会论证嵌入式监管政策工具如何对行为转变产生影响，即产生效果的作用机制。本书的研究突破了仅针对监管政策工具效果的检验式研究的局限，具备理论意义。

（二）应用意义

本书的应用意义体现在以下四个方面：

1. 提供数字经济时代推进绿色消费的监管思路和实施路径。 数字经济时代对微观个体的绿色消费行为和推进绿色消费的监管带来了变革性的影响，如何去迎接这些变革带来的监管挑战，需要全新的推进绿色消费的监管思路和实施路径做支撑。本书通过规范的理论分析和实证研究，对数字经济时代推进绿色消费的嵌入式监管的界定、分析框架、作用路径、机制变量、变量关系、实施效果等重要问题进行分析论证，诠释了数字经济时代推进绿色消费的监管思路和实施路径。

2. 提升数字经济时代推进绿色消费的监管的效率和效果。某种程度上，推进绿色消费的监管的效率和效果低下制约了我国绿色发展、生态文明建设迈上新台阶。现阶段针对绿色消费的监管效果的评估存在一定的局限，且常常忽略了监管效率的衡量。本书提出的推进绿色消费的嵌入式监管政策工具，既注重行为转化的实施效果，又兼顾监管政策工具实施的效率。例如，考虑了公众对监管政策的主观感受和心理态度方面，以提高监管政策工具效果的持久性和公众的满意度；考虑了监管政策工具间的相互作用效果，以提升监管的政策合力，降低监管的执行成本、实施成本。

3. 为数字经济时代推进绿色消费的精细施策提供研究基础。依托大数据、智能技术的快速发展，数字经济时代的监管逐渐向精细施策方向发展，在寻求监管政策工具创新的同时，着眼于监管政策工具的作用效果和作用机理。本书提炼、总结推进绿色消费的监管政策工具的属性特征，并挖掘数字经济时代监管政策工具的新兴属性，结合消费者对监管政策的微观偏好进行嵌入式监管政策工具的选择，就监管政策工具的嵌入式设计以及作用效果、作用机理进行深入分析，其实证的分析数据为精细施策的实践提供研究基础。

4. 为数字经济时代推进绿色消费的精准施策提供研究基础。推进绿色消费的精准施策是要监管政策工具与监管对象相匹配，"对症下药"以达到监管效果的最大化。精准施策来源于多方面的行为洞察与数据分析的支撑，本书为洞察数字经济时代推进绿色消费及其监管的现状、特征提供经验证据，提供推进绿色消费的监管政策工具的属性特征评估与微观偏好分析数据，以及推进绿色消费的监管政策工具的实施效果的实验分析数据，为监管政策工具的精准使用提供现实依据。

第二节　研究的内容和目标

一、研究内容

本书针对前文提到的研究问题，主要展开以下四个方面的研究：

（一）数字经济时代推进绿色消费的嵌入式监管的分析框架构建

在回顾监管的基础理论、监管政策工具的相关理论和实证研究的基础上，总结梳理推进绿色消费的监管政策工具的演变特征、发展趋势，包含监管政策工具选择的依据、监管政策工具评估方法，结合数字经济时代消费者行为、监管政策工具的变革，分析阐述数字经济时代我国推进绿色消费的嵌入式监管的含义与特征、组合模式、实施条件、成本收益等，进一步构建数字经济时代推进绿色消费的嵌入式监管的"工具—机制—效果"的分析框架。

（二）数字经济时代推进绿色消费的嵌入式监管政策工具的选择分析

在理论框架构建的基础上，开展数字经济时代推进绿色消费的嵌入式监管政策工具的选择分析。基于国内外推进绿色消费的监管政策工具梳理，结合数字经济对绿色消费行为、监管方式带来的变革性影响，提炼数字经济时代监管政策工具的属性特征，并设计离散选择实验论证分析这些属性特征的微观偏好，识别具有不同微观偏好的群体特征，从监管政策属性与微观偏好的双重角度设计嵌入式监管政策工具，将监管政策工具的选择研究路径向强调"偏好—工具"关系拓展。

（三）数字经济时代推进绿色消费的嵌入式监管政策工具的作用机制分析

推进绿色消费的嵌入式监管政策工具首先是监管政策工具的组合，所以在作用机制的分析中，先对单一监管政策工具的作用机制进行分析，并指出数字经济时代单一监管政策工具存在的局限与机制障碍，在此基础上阐述嵌入式监管政策工具如何对作用机制进行优化，阐述作用机制变量并构建作用机制模型，充分体现嵌入式监管政策工具的作用机制变量多重化、数字经济时代化以及作用路径阶段性特征。

（四）数字经济时代推进绿色消费的嵌入式监管政策工具的实施效果分析

在嵌入式监管政策工具选择分析、作用机制分析的基础上，通过搭建在线购物情景的政策模拟实验，检验并分析嵌入式监管政策工具的实施效果，并对嵌入式监管政策工具的作用机制进行检验。此外，基于实施效果分析进行嵌入式监管政策工具的优化分析，紧密结合数字经济时代特征，分别从应用场景、监管效率、配套措施、监管效果四个方面提出具体的优化方案，再在每个优化方案的基础上绘制优化路线图，遵循从行为机制优化到社会机制优化再到制度运行机制优化的路径，以提升实施效率、强化实施效果。

二、研究目标

（一）在学术思想理论方面的预期目标

研究内容能够有针对性地解决研究问题，能够提出创新性的学术观点、拓展并丰富该领域研究成果。学术思想理论主要体现在以下五个方面：①数字经济时代对绿色消费及推进绿色消费的监管产生了哪些变革性影响；②数字经济时代推进绿色消费的嵌入式监管政策工具遵循怎样的分析框架；③嵌入式监管政策工具选择的依据是什么；④嵌入式监管政策工具的作用机制与传统监管政策工具有何不同；⑤嵌入式监管政策工具的实施效果如何。

（二）在文献发现利用方面的预期目标

文献能够从深度和广度上支撑现有研究，并能够在阅读文献的基础上系统整理现有文献，旨在精准定位研究问题，拓宽研究边界。将可视化知识图谱分析方法应用在文献阅读与整理上，将有关推进绿色消费及其监管研究放在一个框架内进行梳理，形成从消费者行为机制到监管政策干预再到消费者行为反馈的完整回路，以展现该领域的全貌，尝试回答：涉及多种学科、覆盖多个领域的推进绿色消费及其监管研究的阶段性特征、历史演进与发展脉络，以及在哪些方面有待加强与提升。

（三）在监管实践方面的预期目标

研究结论能够为推进绿色消费的监管实践提供建设性的意见和建议。将推进绿色消费的单一监管政策工具效果研究拓展至嵌入式监管政策工具的组合效果研究，创新监管政策工具的表现形式、检验实施效果，并且能够结合数字经济时代对绿色消费及其监管带来的变革性影响，对单一监管政策工具的作用机制进行优化，进而深入分析阐述嵌入式监管政策工具的作用路径、边界条件，为数字经济时代推进绿色消费的组合施策、精细施策、精准施策提供研究基础。

第三节　研究的方法和路线

一、研究方法

本书通过规范的理论分析和实证研究，构建数字经济时代推进绿色消费的嵌入式监管的分析框架，并在此基础上进行实证研究，对嵌入式监管政策工具的选择、作用机制、实施效果等重要问题进行论证阐述，主要采用了以下的研究方法。

（一）文献研究与引文分析法

在本书研究的阶段一，即理论基础与文献综述部分，包含推进绿色消费及其监管的理论基础、监管政策工具选择与评估的相关理论、国内外推进绿色消费及其监管的相关研究、推进绿色消费的监管政策工具的相关研究等内容，主要采用文献研究法、引文分析法和知识图谱分析法，为后文的理论与实证分析做铺垫。

（二）历史研究与比较研究法

在本书研究的阶段二，即分析框架构建部分，主要采用历史研究与比较研究法。基于历史视野分析数字经济时代推进绿色消费的监管逻辑，并对数字经济时代推进绿色消费的嵌入式监管的内涵、特征、组合模式、实施条件、成本收益等进行界定与分析，构建数字经济时代推进绿色消费的嵌入式监管的分析框架。此外，在嵌入式监管政策工具的机制分析中，也采用了历史研究与比较研究法，分别就单一监管政策工具和嵌入式监管政策工具的机制进行阐述、分析比较，提出嵌入式监管政策工具的机制模型。

（三）实验研究与计量分析法

在本书研究的阶段三，即实证分析部分，主要采用实验研究与计量分析法。采用离散选择实验对数字经济时代推进绿色消费的嵌入式监管的政策属性的微观偏好进行实证研究，通过计量分析模型进行实验的模型估计；采用基于在线绿色购买情景的政策模拟实验对数字经济时代推进绿色消费的嵌入式监管政策的实施效果进行实证检验与评估。其中，离散选择实验是对消费者选择过程的模拟，更接近于真实的选择情境：让消费者（被调研者）在选项之间进行选择，而不是排序或打分，且允许包含退出（Opt-out/None）选项，即消费者可以不做任何选择。离散选择实验是基于随机效用理论，应用随机效用函数来揭示消费者的选择偏好，通过引入随机项来捕捉影响消费者选择偏好的因素，这与本书的研究目的更加契合，因为本书不仅要了解消费者在不同属性之间的权衡过程，还要识别影响消费者选择的因素，进行异质性分析。此外，设计虚拟的在线绿色购买情景为直接衡量绿色消费行为提供了条件，本书在研究中将个体由非绿色消费向绿色消费的转化行为作为监管的实施效果来衡量，而且设计虚拟的在线绿色购买情景为测度控制命令型监管政策工具的监管强度提供了可能。

二、研究路线

本书的研究路线如图 1-1 所示。

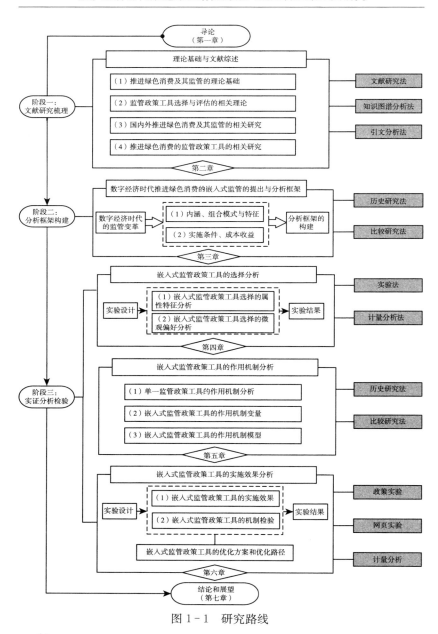

图 1-1　研究路线

第四节　研究可能的创新点

一、研究问题具有创新性

1. 基于数字经济时代的监管研究响应了现实需求。数字经济对绿色消费行为和政府监管方式都产生了革命性的影响，如何利用这一契机进一步推进绿色消费，是推动我国实现绿色发展、可持续发展的机遇，同时也是挑战。数字经济时代的监管情境、监管对象都已发生变化，如何运用结合时代特色的监管政策工具去推进绿色消费，是亟待解决的现实问题。本书是对数字经济时代推进绿色消费监管需求的响应，从监管对象——消费者的角度，深入洞察分析监管情境、监管对象变化的具体表现，构建响应时代需求的推进绿色消费的监管政策工具。

2. 嵌入式监管的设计与机制分析拓展了研究边界。针对数字经济时代的监管研究，突破现有研究只是数字技术驱动下改进监管方式、提升监管效能的研究局限，进行基于微观洞察的匹配式差别化的监管政策工具设计，这是对监管政策工具系统式的重构，而不是单纯监管手段的技术迭代。此外，以往的针对监管政策工具效果的研究，很少对产生效果的机制进行分析，本书不仅检验监管政策工具的实施效果，而且对其作用机制进行深入分析与检验，既解释了行为变化为什么会发生，又解释了行为变化如何发生的问题。

二、研究方法具有创新性

1. 应用离散选择实验分析嵌入式监管政策工具的选择。本书设计离散选择实验作为消费者政策偏好的识别策略，并对监管政策工具的属性特征进行评估。离散选择实验不仅可以揭示消费者对各个属性特征进行权衡的过程、消费者潜在的监管政策偏好，还可以基于随机效用理论，通过引入随机项来捕捉未被识别的潜在的影响消费者选择的因素。

2. 设计政策模拟实验评估嵌入式监管政策工具的实施效果。 基于随机控制实验原理，本书设计政策实验，以反事实思维框架来评估监管政策工具的实施效果。在政策评估研究中，一些不可控的外部因素和选择误差会对干预效果产生重大影响，而随机控制实验法将研究对象随机分配到对照组和实验组中，从而可以排除外界因素对干预效果可能造成的影响，并最大限度地证明对照组与实验组的差异是由政策干预产生的。

3. 运用因果中介分析法检验嵌入式监管政策工具的作用机制。 现有文献对中介效应的分析主要源于 Baron 和 Kenny（1986）建立参数模型并运用系数乘积法估计直接效应和间接效应的方法，但是此种方法对被解释变量是二元分类变量的非线性分布并不适用。因果中介分析法运用反事实思维方法，即使变量涉及二元的非线性变量，也可推导和估计出干预变量的直接效应和间接效应，其反事实思维框架更适用于在政策干预实验中探析干预变量的作用机制。

三、研究视角与内容具有创新性

1. 综合运用多种经济学理论，并以跨学科的研究视角分析推进绿色消费的嵌入式监管。 鉴于推进绿色消费的监管是横跨多学科、多领域的社会问题，本书以管制经济学理论为依托，综合运用传统经济学、行为经济学、实验经济学以及社会心理学等理论，以跨学科的研究视角对推进绿色消费的嵌入式监管进行分析。推进绿色消费的监管源于消费的外部性导致的市场失灵，由于推进绿色消费的监管是对微观个体行为的干预，所以其监管设计来自对消费者行为的洞察，其监管目的是在满足个体效用的同时做出有益于亲善环境的选择。传统经济学的效用最大化的自利人假设、行为经济学对行为个体认知心理过程的关注以及实验经济学有关个体亲社会性偏好的研究都丰富了本书对嵌入式监管的研究。此外，以往有关作用机制的研究只是对现有作用渠道的检验，而本书是在数字经济时代新的消费情境、监管情境下研究监管政策工具的作用机制，需要深入挖掘其中对个体心理、行为的作用机制，在研究中也应用了社会心理学的信息处理模型。

2. 基于消费者对推进绿色消费的监管政策的选择偏好研究嵌入式监管政策工具的选择。 在推进绿色消费的相关研究中，常将监管政策工具作为外在的一个干预情境，探讨监管政策工具对微观个体的绿色消费态度或行为产生的影响，强调监管政策对监管对象的"说服"结果，鲜有去探索微观个体的"内心世界"，如对监管政策的可接受度、满意度等。本书探讨绿色消费领域消费者的监管政策偏好，旨在为监管部门的监管政策选择提供新的参照维度，突破以往文献仅关注监管政策工具对消费者行为决策的影响、强调政策"说服"结果的研究视域，着眼于消费者对监管政策本身偏好的测度，探索消费者的"内心世界"，强调政策"说服"的程度。此外，不仅分析消费者对绿色消费监管政策的选择偏好，而且分析偏好的异质性，识别具有不同监管政策偏好的群体特征，在我国消费情境下检验个体价值观对监管政策偏好的影响。

3. 采用"工具—机制—效果"的分析框架以检验嵌入式监管政策工具对推进绿色消费行为的作用效果。 学者们针对监管政策工具的分析包含两部分，即监管政策工具的选择分析和监管政策工具的效果分析，且这两部分往往是分开独立研究的。本书将推进绿色消费的嵌入式监管政策工具的选择分析与效果分析整合在一个框架内，使对嵌入式监管的分析能够既见"树木"又见"森林"，为数字经济时代推进绿色消费的监管提供一整套解决方案。而且以往对推进绿色消费的监管的研究范式是先识别绿色消费行为的影响机制路径，再将监管政策工具以情境变量的形式建立监管干预路径。由于这种研究范式的研究焦点不在于监管政策工具，所以不区分单一还是组合式监管政策工具，只是笼统地将监管政策工具作为调节变量放入分析模型；该研究范式还使行为机制与干预机制相割裂。本书的"工具—机制—效果"的分析框架直接聚焦监管政策工具本身，深入分析嵌入式监管政策工具对消费者心理路径、行为路径、信息处理路径的直接影响以及产生的行为效果，使干预机制不再是游离在行为机制外的情境元素。

■第二章 理论基础和 文献综述

围绕本书的研究内容，本章首先就推进绿色消费为什么需要监管以及如何进行监管展开理论回顾，外部性理论、信息不对称理论、监管理论、消费者行为的相关研究为推进绿色消费的监管提供了理论基础，并进一步就推进绿色消费的监管政策工具的选择与评估的相关理论进行综述，为之后展开的监管政策工具的设计与实施效果的分析奠定基础。其次，梳理目前国内外有关推进绿色消费及其监管的相关研究，并将国内外相关研究整合进一个框架内，为本书研究定位相关问题以及更有针对性地推进绿色消费作铺垫。再次，聚焦有关推进绿色消费的监管政策工具的研究方面开展文献综述，包括推进绿色消费的监管政策工具的含义与划分、特定监管政策工具的实施效果研究，并且就有关数字经济时代的监管政策工具的研究进行梳理。最后，对现有文献进行总结与评述，并提出进一步发展和突破的空间。

第一节 推进绿色消费及其 监管的理论基础

一、外部性理论

在市场经济体制下，市场在社会资源配置中具有基础性作用，各种经济要素在市场机制作用下实现资源的帕累托最优配置，但是外部性会使市场机制失效，造成市场失灵（平狄克等，2009）。

经济学家盛洪指出，经济学的全部问题都是外部性问题，有的是已经解决的外部性问题，有的是正在解决的外部性问题①。外部性是指在缺乏任何相关交易的情况下，一方所承受的、由另一方的行为所导致的后果（史普博，1999）。这种后果对承受方来说是有利的，则称为正外部性，反之则称为负外部性。在大量有关外部性问题的理论文献中，外部性主要指负外部性（王俊豪，2001）。在常规的经济学分析中，主要研究的是生产者施与消费者承受的外部性，如企业的非绿色生产带来的空气污染、水污染等生产的负外部性，却对消费的负外部性问题重视不足。消费的负外部性是指个人或集体的消费行为危害环境、危及他人的特性（黎建新，2001），具体表现为消费、使用危害他人健康的产品，以及消费、使用或处置产品时污染环境、耗费过多的资源等。产生负外部性的原因是产权不能确定时，行为者无须顾及行为的后果，也无须承担行为的后果。破坏性消费、污染性消费等非绿色消费会引起空气、水等环境污染，因为空气、水等环境资源的产权没有界定，所以污染者不必为污染付出任何成本。消费的正外部性是指个人或集体的消费行为亲和环境、友善环境的一种特性（黎建新，2001）。俞海山和朱福建（2008）对消费的外部性给出了更一般化的定义，即"个人或家庭的消费行为影响他人或社会，但个人或家庭并未因此提供相应补偿或取得相应报酬"。

斯蒂格里茨（1988）认为："只要存在外部效应，资源配置就不是有效的。"无论是消费的正外部性还是负外部性，其结果都是市场的资源配置达不到帕累托最优效率状态（俞海山和朱福建，2008）。外部性的实质是社会成本与私人成本之间存在某种偏离，个人利益与社会利益是对立的（王俊豪，2001），而市场机制往往不能很好地解决由于个人利益与社会利益的对立所引起的社会问题，如非绿色消费带来的环境污染、资源枯竭等，且消费的外部性会使市场机制失效，造成市场失灵，因而有赖于政府的控制和干预行动以解决消费的外部性问题。

---

① 盛洪：《盛洪集》，黑龙江人民出版社1993年版。

二、信息不对称理论

管制经济学理论所讨论的信息不对称包含两个方面：一是监管部门与监管对象之间的信息不对称，这里的监管对象是指垄断型企业对信息供应的垄断，监管部门不像被监管企业那样清楚地了解产业状况和企业行为，从而引发委托代理问题；二是市场交易者之间的信息不对称，从而引发逆向选择和道德风险问题（王俊豪，2001）。在推进绿色消费的监管领域，信息不对称主要指的是后者，即消费者和企业的信息不对称问题。

绿色消费中遇到的信息不对称的基本特征是：有关交易的信息在买卖双方之间的分布是不对称的，一方比另一方占有较多的相关信息，绿色生产企业往往处于信息的优势地位，而绿色产品的消费者则处于信息的劣势地位。绿色生产企业知道绿色产品的质量信息、相关绿色环保信息，但是消费者很难真实地了解到所要购买的产品是否是真正的绿色产品，因而不愿支付绿色产品的"溢价"，其结果是绿色产品质量下降，相应地，消费者愿意支付的价格也进一步下降，从而迫使更多的绿色产品退出市场，产生逆向选择效应。同时也会存在道德风险问题，例如消费者购买依据"绿色建筑"标准建造的房屋，由于消费者对绿色技术水平、用料等方面不太可能像卖方那样拥有相关的完全信息，其与开发商签订的合同也不可能是完全的，这就容易产生道德风险问题。由信息不对称引发的逆向选择和道德风险问题都会影响绿色消费市场的公平交易，造成市场低效率。

一般而言，缓解信息不对称最直接的方法是利用市场机制本身来缓解，如通过绿色产品广告、信誉机制等加强买卖双方的信息传递和信息甄别，但是虚假广告、假冒伪劣产品等的存在，导致利用市场机制来缓解信息不对称的过程中存在市场失灵，这就需要政府的控制和干预来缓解信息不对称。具体而言，可以对供给端进行控制，如强制绿色生产企业进行相关绿色环保信息的披露、进行绿色产品认证等；可以对消费端进行干预以化解消费者对相关信息获取的障碍，如加强绿色环保知识的宣传教育、降低消费者的信息搜寻成本等。

三、推进绿色消费的监管理论

（一）推进绿色消费的监管概念

监管（Regulation/Supervision）又称"管制""规制"或"干预"。许多学者对监管有不同的定义。Viscusi 等（1995）认为，监管是政府通过法律的威慑来限制个体和组织的自由选择，监管体现的是政府的强制力。史普博（1999）则指出，监管是行政机构制定并执行的、直接干预市场机制或间接改变企业和消费者供需决策的一般规则或特殊行为。植草益（1992）将监管定义为社会公共机构依据一定的规则对企业的活动进行限制的行为。王俊豪等（2014）将监管对象做了进一步拓展，将企业拓展为构成特定社会的个人和构成特定经济的经济主体，监管的目的在于对经济行为人的决策进行限制与干预，监管对象不再局限于企业。从一般意义上讲，监管就是政府对企业和个人行为的引导、限制或约束（王建明和王俊豪，2011）。从不同的监管概念中可以发现，监管的含义在发生演变，主要表现在监管手段和监管对象上。监管手段从单一强调控制命令型的强制性手段趋向更一般化的规则、引导和干预手段；监管对象不再仅包括企业行为，个人行为也囊括在内。

监管内涵的扩展为推进绿色消费的监管提供了合理性，从消费端来看，一方面，污染性、破坏性、浪费性、不合理消费等非绿色消费行为引致了消费的负外部性，需要对负面有害行为进行限制和约束；另一方面，对亲和环境的友善型消费带来的消费正外部性进行积极的引导和干预，有助于实现绿色消费的社会目标。推进绿色消费的监管就是推进对非绿色消费行为的干预和约束，推进对绿色消费行为的引导和激励。Heiskanen 等（2009）对推进绿色消费的监管给出了较为全面的定义：推进绿色消费的监管包含三个步骤，第一，监管是以各种形式实现的输出，如法律、法规、方案、计划和干预措施；第二，这些输出导致消费者行为发生变化，如表现在产品的需求、购买、使用和处置方面的变化；第三，消费模式带动生产系统甚至整个产品系统发生变化，进而对环境、社会和经济的可持续性产生深远影响。

（二）推进绿色消费的监管设计

推进绿色消费的监管是对消费行为的干预，所以其监管设计是建立在经济学消费者行为理论的基础上的，随着经济学对消费行为认识的不断扩展，推进绿色消费的监管设计思路也逐渐开阔。

最初对绿色消费行为的干预是建立在新古典经济学理性选择模型的假设之上的：选择是理性的，而且选择以自利为目的。支配消费者选择的四个基本要素是消费者可支配收入、商品的市场价格、消费者偏好和效用最大化。政府监管通过调整个人的成本收益、提供价格信息、提供绿色产品认证信息、进行价格激励等干预消费者选择，确保消费者做出理性选择，监管部门将"效用最大化者"作为设想中的监管对象，然而这种监管设计思路未考虑个体决策背后的认知心理过程（那艺和贺京同，2019）。决策个体对某一事物的认知强烈依赖于某一"参照系"（Kahneman 和 Tversky，1979），如果"参照系"发生变化，那么个体的认知过程受到"参照系"的影响就会改变其偏好，最终改变个体决策。监管部门通过构建选择情境来干预个体决策、设计各种信息或激励措施，使个体所面对的"参照系"发生变化，这是基于行为经济学利用"助推"技术（Thaler，2008）来设计推进绿色消费的监管。这类对个体的认知心理过程进行干预的监管设计是基于对个体的认知机制的深刻洞察，对个体信息处理过程的精细化实验观测。

一方面，消费者做决策时信息是不完全的，消费者受到时间和认知的限制而无法做出完全理性的决策（Simon，1957）。消费者的许多决策是在不确定情况下，基于简单的经验法则启发法（Simple Rules of Thumb-Heuristics）做出的（Tversky 和 Kahneman，1974）。消费者没有足够的时间处理大量的信息以对选项进行全面的分析比较，有些信息对消费者来说是不可知的，因为关乎不确定的未来情况。尤其对绿色消费这类亲环境行为而言，消费者面对的是各种不确定的情境，所以无论从空间还是时间角度看，行为带来的影响都不能马上被感知。消费者决策容易受信息的不同表述方式影响，所以将同一信息内容放进不同的表述框架内，如风险选择框架、特征框架以及目标框架（Levin 等，1998），会干预消费者的选择，使消费者表现出合作、利他行为倾向（邓颖等，2016）。

另一方面，理性选择模型的自利假设的前提忽略了个体行为的道德层面（Scott，2000）。个体在做出选择时，并不只是出于自利动机，还有利他的动机（Frank，1988），至少在绿色消费这类亲环境行为的实践中，有明确的、可测量的亲社会和亲环境价值观似乎超越了个人的私利（Schultz，2001）。Manstead（2000）发现在亲社会的相关行为研究中，道德信念层面的变量增强了理论的预测能力。实验经济学领域的研究者利用个体行为博弈实验（以最后通牒实验、信任博弈实验和公共品博弈实验为代表）发现，大量亲社会行为无法用新古典经济学理论来解释，亲社会行为中人们不仅关心自身的物质收益，也会关心他人的利益，且利他等亲社会性偏好是其效用函数的重要组成部分（陈叶烽等，2011）。用经济理性来解释人类的道德行为（贝克尔，1995；盛洪，1998），也许可以解释部分道德现象，比如亲缘利他主义和互惠利他主义，然而并非所有道德行为都能轻易地包含在理性选择模式下（叶航，2000），比如纯粹性利他行为。在推进绿色消费领域，从环境关心的角度看，人们从事绿色消费主要是源于人们内在亲环境的利他动机，因此促进绿色消费的监管设计应着重关注对个体内在利他价值观的唤醒和养成。

总结来看，对理性选择理论的质疑激发了大量刻画消费者行为的概念模型的研究，主要从三个方面对理性选择模型进行了扩展：一是不再用市场交易的货币价值来变现消费者偏好；二是尝试去诠释消费者的认知心理过程；三是在模型中纳入了道德等变量。推进绿色消费的监管遵循三种监管设计思路：一是对消费者选择的外在条件进行干预，通过对绿色产品进行价格调控、对绿色产品认证进行管控等来激励消费者购买绿色产品；二是对消费者的选择情境进行干预，通过选项的参照设计、信息的框架设计等来影响消费者的绿色选择；三是强调认知的提升、信息的提供和宣传，以激发消费者的亲环境态度、唤醒消费者亲环境的利他价值观（图 2-1）。

可见，对推进绿色消费行为的监管或干预逐渐向影响消费者的心理加工过程延伸，各心理、行为元素之间的强关联性被实证证实，这些都为监管政策制定者提供了推进绿色消费行为的基础和塑造、制约消费者选择的依据。

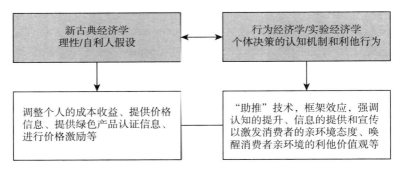

图 2-1　推进绿色消费的监管设计

来源：作者绘制。

第二节　监管政策工具选择
与评估的相关理论

一、智慧监管理论

由 Gunningham、Grabosky 和 Sinclair 于 1998 年首次提出的智慧监管理论诞生于环境监管领域，智慧监管理论试图在加强监管还是放松监管的争论中，找到强制型与非强制型监管政策工具的平衡策略（Wood 和 Johannson，2008），倡导探索更广泛的监管政策工具，例如经济型、自我监管、信息型工具等，使监管者能够充分利用大量潜在的机会与技术，从而制定有效率、有效果的环境监管政策。同时，智慧监管理论反对"万金油式"的监管政策工具，强调要依据不同的政治经济环境采取差别化、针对性的监管策略。智慧监管理论建立了一套监管设计的原则性框架，这一框架包含两部分，分别是监管政策工具设计原则和监管政策工具组合策略。在这一框架内，回答了监管理念、监管主体、监管路径、监管机制、监管效果等监管的核心问题。它的精髓在于监管政策工具选择的匹配：监管政策工具与监管情境匹配、监管政策工具与监管主体匹配以及监管政策工具组合的匹配，以体现智慧监管的理念。这种相互促进补充的多元监管组合策略的使用，建立在微观层面的行为洞察的基础上，充分利用个体行为机制的优势，弥补个体行为机制的弱势。

　　智慧监管理论强调监管政策工具之间的相互作用效果（而不是仅当成相互替换的手段），利用单一监管政策工具的优势，同时用另外的监管政策工具弥补单一监管政策工具的弱势。监管政策工具的组合效果有三种（表2-1）：固有的积极作用，固有的消极作用，以及依据情境不同而变化的作用。智慧监管是个动态的过程，是一系列相继选择、不断根据监管客体的行为反应进行调整的过程。

表 2-1　监管政策工具组合策略框架

监管政策工具组合效果	监管政策工具组合策略
固有的积极作用	信息引导型与其他所有类型 自我管理与约束型的结果标准、过程标准 自我管理与控制命令型 约束型与供给端刺激经济激励型 约束型与供需两端刺激经济激励型 倾向型规则与约束型 供需两端刺激与约束型（如强制汇报与监督条款以保证实施）
固有的消极作用	供需两端刺激与控制命令型 自我管理与供需两端刺激型 技术标准与结果标准 激励型（污染费、排污交易权、补偿等）与倾向型规则

（续）

监管政策工具组合效果	监管政策工具组合策略
依据情境不同而 变化的作用	自我管理与经济型 自我管理与市场型

来源：Gunningham 等，1998。

Howlett（2004）将监管政策工具选择分为第一代理论、第二代理论。第一代理论把市场化的监管政策工具都视作好的（Good），把非市场化的都视作坏的（Evil），这一代理论认为监管政策工具的选择是零和博弈，回答了"为什么政策制定者要用这一种监管政策工具"的问题；第二代理论超越了以往监管"萝卜""大棒"与"布道"的三分法，提倡要组合运用监管政策工具，回答了"为什么这套含有特定程序与规定的监管政策工具应用在这一特定的领域"的问题。Howlett（2004）认为智慧监管理论属于第二代监管政策工具选择理论，突出强调了监管政策工具选择的情境性，原因是信息的不对称、监管主体决策环境的复杂性和监管政策工具的好坏评估要依情境而定；而且情境的复杂性增加了监管政策工具的选择与实施的难度，强调可以通过信息技术、网络技术来实验一些以往没有采用过的非传统监管政策手段，如基于市场产权、网络技术的新型环境监管政策工具（New Environmental Policy Instrument，NEPI）（Howlett 和 Rayner，2004）。Howlett 和 Rayner（2004）特别指出，信息型的监管政策工具也属于新型环境监管政策工具。

Baldwin 和 Black（2008）提出，监管部门要能对监管的效果与智慧程度进行评估，进而改变监管政策工具和策略选择；并将监管情境因素加入监管主体面临的内外部环境因素，指出监管主体的内外部环境会发生变化，应该根据监管主体环境的变化而调整监管政策工具和监管策略。Van Gossum 等（2010）进一步将智慧监管政策工具设计原则分解为 12 个指标（表 2 - 2），用实证的方法评估监管政策的有效性与智慧程度。

表 2-2 智慧监管的评估指标

评估维度	评估指标
监管主体	监管主体的多元化 政府授权
监管手段	工具使用多样化 工具组合相互促进 使用创新性的监管政策工具 监管从对行为限制最少的工具开始 工具使用的顺序性 存在强制型监管政策工具作为兜底
监管效果	激发了个体动机行为 没有产生反作用 监管对象认为监管手段对其有利 政府做到充分的监督与存在明确的标准

来源：Van Gossum 等，2010。

二、扩展的监管政策工具组合分析

监管政策工具组合的核心是工具之间的相互作用，这意味着一种工具的效果会因其他工具的共存而改变（Nauwelaers 等，2009），这种改变可能源于彼此的直接或间接影响（Oikonomou 和 Jepma，2008；Sorrell 等，2003）。工具间的相互依赖性极大地影响了工具组合的综合效果和政策目标的实现（Flanagan 等，2011）。学者们将监管政策工具组合内的工具区分为核心工具和辅助工具（Matthes，2010；Schmidt 等，2012）。要了解监管政策工具组合的效果，需要了解监管政策工具相互作用的机制和后果，而这一过程又需要考虑若干方面，包括相互作用的范围、目标的性质、时机以及运作和执行进程（Sorrell 等，2003）。

扩展的监管政策工具组合分析示意图如图 2-2 所示。为了使消费行为模式改变达到可持续性目标，除了要选择适当的可能产生相互作用的监管政策工具组合（"①"），监管政策目标（"②"）也是重要的考虑因素。也就是说，它们对行为改变的影响是一个联合影响，这是由于监管政策工具设计的综合作用（"③"）。有时，即使有了明确的监管目标，但这些目标如何转化为具体的监管政策工具（在潜在的不同监管层面上）仍需要长久规划与反复实验。此外，监管政策工具组合分析不仅要分析工具组合的要素是如何产生的以及它们为什么会发生变化（"④"），而且还应调查由此产生的监管政策工具设计如何影响行为改变（"④＋③"），应更仔细地研究监管政策工具的制定和实施过程，甚至可以揭示这种政策过程与行为改变之间的直接联系（"⑤"），而这种联系是双向的且是一个反馈的过程。在目标行为发生的同时，监管政策工具可能也在经历演化、创新，只有通过动态分析才能揭示监管政策工具组合和行为变革的共同演化模式。最后，监管政策工具的组合特征（"⑥"），如一致性、连贯性和可信性，对于评估政策实施效果，即评估引导行为改变的有效性至关重要。这样的分析需要对监管政策工具设计（"⑦"）和监管政策工具实施过程（"⑧"）有详细的了解，因为这些元素可能决定监管政策工具组合特征。综上所述，这种扩展的监管政策工具组合分析更有利于监管政策工具和行为变革之间的复杂联系及其共同演化的理解（"⑨"）。因此，以综合分析的方式捕捉监管政策工具复杂的相互作用（Bödeker 和 Rogge，2014），可以进一步加深对行为变革以及行为变革如何促进可持续发展的理解。

现在研究人员普遍认为，监管政策工具组合比单一监管政策工具更有效（Mont 和 Plepys，2008；Wolff 和 Scheonherr，2011）。在评估监管政策工具组合的效果时，常常评估不同监管政策工具间的相互作用（Vedung，1997）。监管政策工具间相互影响的指标包含两大维度：直接影响和间接影响。其中，直接影响是指两个工具相互加强、替代或冲突；间接影响是指一个工具可以显著增强或降低另一工具的效力，但并不是作用机制的冲突。评估的过程包含：

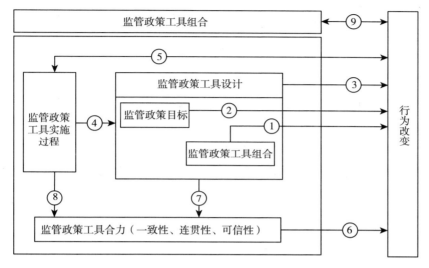

图 2-2 扩展的监管政策工具组合分析

来源：Flanagan 等，2011。

①识别和筛选目标行为的影响因素；②评估监管政策工具，包括成本效益和一些副作用；③确定适当的监管政策工具，与决策者联合举办研讨会，并制定一揽子计划；④评估一揽子监管政策工具的影响；⑤最终与决策者一起讨论制定修正建议。此外，在评估的同时强调公众对监管政策工具可接受性的衡量。

第三节　国内外推进绿色消费及其监管的相关研究

在本节，利用可视化知识图谱分析方法，重点梳理国内外推进绿色消费及其监管的相关研究，把握相关研究的发展脉络与演进趋势，客观地揭示出国内外推进绿色消费及其监管研究的知识结构及规律，分别从国内外两部分进行阐述，再进行整合分析，以展现该领域研究的全貌。

一、国际推进绿色消费及其监管研究的历史演进与发展脉络

（一）研究文献的时间分布

如图 2-3 所示，1998—2019 年该领域的文献数量总体上呈现快速增长的趋势（注意 2019 年的文献数量并非全年数据）。1998—2019 年，前 10 年的文献数量有一定的波动且增长缓慢，近 10 年的文献数量增长较快。学术界对绿色消费的关注，除环境污染等现实问题的驱动外，与国际上对可持续发展、推进绿色消费采取持续行动是紧密联系的。

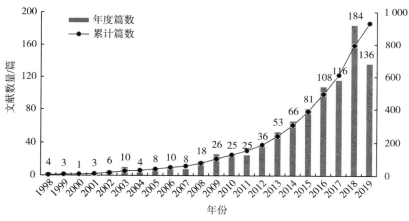

图 2-3 1998—2019 年国际期刊研究文献时间分布图

（二）主要研究热点

如表 2-3 所示，能源消费、可持续性等频数排序居中，但是中心性数值很大，是研究的热点问题。从关键词频数统计，可以略见国际上关于推进绿色消费及其监管研究内容的扩展程度和聚焦的研究领域，研究内容覆盖微观态度、消费模式、政策干预模式等方面，并且侧重影响研究；围绕能源消费领域的研究较多。但是，值得注意的是，关键词"中国"出现的频数高，但是中心性却为 0，

说明我国的相关研究数量大，但是并没有在国际上形成影响。

表 2 - 3　关键词频数排名前十

序号	关键词	频数	中心性
1	消费（Consumption）	282	0.05
2	政策（Policy）	186	0.11
3	绿色（Green）	109	0.09
4	影响（Impact）	93	0.2
5	中国（China）	89	0
6	能源消费（Energy Consumption）	83	0.28
7	可持续性（Sustainability）	80	0.2
8	二氧化碳排放（CO_2 Emission）	74	0.04
9	态度（Attitude）	71	0.14
10	模式（Model）	71	0.12

整体而言，这些关键词聚类形成 13 个细分研究领域，构成国际期刊中该领域的研究热点框架。结合文献进一步分析聚类结果，可以按照研究主题将 13 个细分研究领域划分为三大研究主题（表 2 - 4），分别为绿色市场、绿色经济和绿色行为。在绿色市场的主题研究中，市场通过提供有吸引力的绿色产品和持续创新的市场机制来激活绿色市场，进而激励绿色消费。研究涉及如何更好地衡量供应链和产品生命周期、提升供应效率与产品能效，例如发展碳足迹、生命周期影响、虚拟水的计算和特定行业的环境影响测量工具等。绿色市场的核心强调企业的社会责任，绿色消费的推进得益于效率的提升（Hobson，2002），研究主要解决信息不对称的问题，即向消费者提供绿色产品的环境效益和影响的信息（O'rourke 和 Lollo，2015），就可以依靠市场的自觉力量推进绿色消费。在绿色经济的主题研究中，基于效率提升的推进逻辑，关注经济增长与环境问题，从产品非物质化到生态替代、节能、集约生产、服务化等方面，使消费和环境影响脱钩（O'rourke 和 Lollo，2015），达

到经济发展与环境改善的双赢。围绕绿色行为的研究试图转变消费者的消费模式，进而促使消费行为向绿色化转变，原因是仅依靠提高效率不足以改善因人口和消费水平的增长所引发的环境问题。如有的研究者认为消费的动力在于彰显社会地位，进行炫耀性消费，因此利用消费所带来的社会影响构成对绿色消费行为进行干预的路径之一（Salazar 等，2013）。

表 2-4　关键词聚类

研究主题	聚类编号	聚类标签	轮廓值	关键词（部分）
	#4	高成本信号 (Costly Signaling)	0.755	信息、农业贸易、水资源、虚拟水贸易、自恋、分解分析
	#5	内生增长 (Endogenous Growth)	0.874	青少年、碳捕获和储存、饮食行为、健康食品、饮食习惯、碳捕获和储存补贴、绿色基础设施
绿色市场	#9	绿水 (Green Water)	0.817	虚拟水、经济学、比较优势、水资源利用率、水压力、生命周期评价
	#10	联合分析 (Conjoint Analysis)	0.772	节能行为、可持续食品、绿色电力、价值取向、节能产品
	#11	战略 (Strategy)	0.874	条件估值法、企业社会责任、问责制、支付意愿、可再生电力
	#2	治理 (Governance)	0.91	城市化、绿色经济、面板向量自回归、全球 Malmquist-Luenberger 指数
绿色经济	#7	ARDL 模型 (ARDL)	0.782	经济增长、用电、气候政策、化石能源、方差分解、人口密度
	#12	环境库兹涅茨曲线 (Environmental Kuznets Curve)	0.97	经济增长、能源消耗、环境污染、碳排放、工业经济增长、综合研究

（续）

研究主题	聚类编号	聚类标签	轮廓值	关键词（部分）
绿色行为	♯0	生活方式 （Lifestyle）	0.749	环境供应链管理、创新扩散理论、因素分析、消费者行为
	♯1	公共政策 （Public Policy）	0.675	住房、计划行为理论、气象、消费评估、食品消费、低能耗建筑
	♯3	社会实践 （Social Practices）	0.788	行为改变、环境责任、亲环境行为、批判话语分析、社会变化、低碳生活方式
	♯6	环境可持续性 （Environmental Sustainability）	0.886	生命历程方法、减少工作时间、主观幸福感、政策设计、可持续发展、可持续性
	♯8	炫耀性消费 （Conspicuous Consumption）	0.799	个人规范、创新性、创新特点、社会规范、节能降耗、消费者细分、环境实践

（三）研究热点的演化趋势

表 2-5 展示了该领域国际文献突显词强度前十的关键词。可以看到，从 2005 年开始，"消费"出现的频率激增；"经济学"的突显强度最高，其次是"环境政策""可持续消费"，其中"环境政策"的影响周期相对最长，从 2008 年持续到 2016 年；且突显词表征的研究视域集中在对微观行为的研究上，如环保行为、消费行为等。从表 2-5 可以看出，在 2005 年之前并没有突显词显现，通过对文献分类整理，发现 2005 年之后国际针对此领域的研究更加集中地转向以转变消费行为的途径来推进绿色消费，因为无论是环境技术、生产制度、经济政策还是社会倡议对推进绿色消费的贡献，都要以改变消费模式和行为为基础（Peattiek，2010），所以相关研究不再仅以基于效率提升的推进逻辑来推进绿色消费。此外，近年"可持续发展"关键词突显，可见推进绿色消费的研究呈现出融入可持续发展大框架的趋势，研究视域逐渐放宽。

表 2 - 5 突显词排名前十

序号	关键词	突显强度	开始年	结束年	1998—2019 年
1	消费 (Consumption)	3.684	2005 年	2007 年	
2	环境政策 (Environmental Policy)	5.280	2008 年	2016 年	
3	可持续消费 (Sustainable Consumption)	4.659	2008 年	2013 年	
4	战略 (Strategy)	4.455	2010 年	2015 年	
5	经济学 (Economics)	5.620	2011 年	2015 年	
6	政治学 (Politics)	4.561	2013 年	2015 年	
7	环保行为 (Pro-environmental Behavior)	4.105	2015 年	2017 年	
8	节能 (Energy Conservation)	3.874	2016 年	2017 年	
9	消费者行为 (Consumer Behavior)	3.436	2017 年	2019 年	
10	可持续发展 (Sustainable Development)	4.110	2017 年	2019 年	

　　基于行为转变的推进逻辑下消费行为主题的研究内容包含两类：第一类主要围绕行为驱动因素与干预机制进行研究，侧重绿色消费行为的影响因素以及相互关系、作用路径研究；第二类集中于

政策工具与效果评估研究，主要围绕对绿色消费行为的政策干预效果评估，特别是深入某一具体的绿色消费领域，对监管政策进行修正与创新。

具体来说，对第一类研究，研究者更关注消费动机与消费行为如何受消费过程的心理因素以及社会和情境因素的影响（Steg 和 Vlek，2009），探究对绿色消费行为进行干预的内在机理，进而进行政策设计。该阶段打破基于效率提升的推进逻辑中"消费者是理性的"假设，取而代之的是"消费者不是完全理性的行动者"。第二类研究深入某一具体的绿色消费领域关注政策的实施效果，主要围绕政策对行为转变的效果及效果持续的时间、政策有效性的影响因素等展开研究。

二、国内推进绿色消费及其监管研究的历史演进与发展脉络

（一）研究文献的时间分布

从图 2-4 可以看出，虽然在 2001 年、2007 年和 2011 年前后发文数量有起伏，但是 1994—2019 年该领域的文献数量总体上呈现增长的趋势，并在 2011 年出现一个小的高峰，达到 265 篇。虽然整个期间文献发表数量有一定的波动，但近几年其数量已趋于稳定，核心期刊论文数量每年在 260 篇左右。

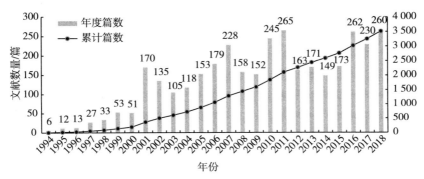

图 2-4 1994—2018 年国内研究文献时间分布图

（二）主要研究热点

表 2-6 列出了高频关键词和高中心性关键词前二十位。可以看出，中心度较高的关键词有经济、居民消费、绿色产品、可持续性发展等。

表 2-6　研究热点词汇

序号	高频关键词		高中心性关键词	
	内容	频次	内容	中心度
1	绿色消费	602	经济	0.38
2	可持续消费	403	居民消费	0.38
3	绿色营销	308	绿色产品	0.35
4	可持续发展	282	可持续性发展	0.32
5	消费升级	241	消费者	0.31
6	消费	215	绿色消费	0.3
7	循环经济	171	生产关系	0.26
8	企业	143	资源	0.25
9	生态文明	140	生态文明	0.24
10	消费者	138	环境	0.24
11	低碳消费	122	绿色营销	0.23
12	企业管理	121	环境意识产品	0.19
13	低碳经济	118	消费模式	0.18
14	生产关系	118	消费需求	0.18
15	绿色发展	105	城镇居民	0.15
16	绿色产品	102	产业	0.15
17	对策	88	消费方式	0.14
18	经济	78	外部性	0.14
19	消费结构	69	环境行为	0.13
20	消费模式	68	环境态度	0.13

关键词聚类得到研究热点共有 15 个群组，通过对聚类信息进行整理，得到研究热点词汇聚类及分布情况（表 2 - 7）。结合相应的文献信息进一步分析，可以发现：研究热点的聚类结果呈现明显的政策导向特征，如"生态文明""新时代""消费升级"；并且服务于宏观政策推动下的经济转型研究，如"低碳经济""循环经济""绿色经济"等；也可略见推进绿色消费的研究视角，如"低碳城市""绿色金融""可持续旅游""绿色营销""环境意识产品""企业管理"等。

表 2 - 7　热点词汇聚类及分布

聚类	标签	平均轮廓值	关键词（部分）
＃0	生态文明	0.878	绿色消费、低碳经济、资源、可持续消费
＃1	新时代	0.901	对策、发展模式、绿色经营、绿色技术、机遇
＃2	消费升级	0.794	扩大内需、消费需求、分享经济、需求弹性
＃3	低碳经济	0.889	低碳消费、低碳产业、低碳城市、低碳农业
＃4	绿色营销	0.91	环境标志、绿色标志、绿色发展战略、绿色通行证
＃5	经济	0.934	能源消费、经济新常态、产业升级、生态科学意识
＃6	环境会计	0.896	绿色会计、绿色审计、生态经济、绿色经济
＃7	环境意识产品	0.834	绿色产品、资源节约型、绿色采购、绿色购买行为
＃8	物质闭环流动型经济	0.954	循环经济、经济发展模式、生态工业、自然生态系统
＃9	低碳城市	0.784	绿色物流、绿色市场、低碳生活方式、低碳消费理念
＃10	绿色金融	0.748	供给侧结构性改革、消费模式、新常态经济转型
＃11	企业管理	0.944	绿色消费者、绿色营销、服务营销、营销创新
＃12	发展	0.928	清洁生产、和谐社会、循环经济发展、政策
＃13	非再生资源	0.920	消费构成、科学消费、消费结构、可持续发展观
＃14	可持续旅游	0.894	生态旅游、绿色食品、旅游产业、绿色方略

（三）研究热点的演化趋势

突显词检测分析可以筛选出不同时间段内突显度较高的关键词，这些关键词一定程度上表示在该时间段内的研究前沿，也显示了阶段研究特色。进一步分析发现，1994—2019 年的研究可以划分为三个阶段，分别是：1994—2006 年市场导向的绿色消费理念提升研究，2007—2011 年政府导向的绿色消费实现路径研究，以及2012—2019 年社会导向的绿色消费升级转型研究。每个阶段均紧密围绕时代主题，均是对国家可持续发展战略规划的响应（表 2-8）。

表 2-8　前沿词汇统计

阶段	关键词	突显度	开始年	结束年	1994—2019 年
第一阶段	绿色商品	6.673	1994 年	2001 年	
	可持续性发展	9.416	1998 年	2001 年	
	可持续消费	9.237	2001 年	2002 年	
	绿色市场	5.034	2000 年	2003 年	
	绿色产品	3.919	2002 年	2003 年	
	环境意识产品	14.307	1995 年	2004 年	
	绿色营销	14.494	2003 年	2007 年	
	发展循环经济	4.333	2004 年	2007 年	
	可持续发展	18.439	2005 年	2008 年	
	绿色物流	13.285	2007 年	2008 年	
	对策	8.493	2006 年	2010 年	
第二阶段	绿色采购	5.112	2010 年	2011 年	
	低碳城市	8.033	2010 年	2013 年	
	低碳经济	41.435	2010 年	2013 年	
	生态消费	4.724	2007 年	2015 年	
	绿色供应链	3.575	2008 年	2015 年	
	低碳消费	33.134	2010 年	2015 年	

（续）

阶段	关键词	突显度	开始年	结束年	1994—2019 年
	经济转型	5.113	2013 年	2017 年	———————————
	绿色转型	6.521	2014 年	2017 年	———————————
第三阶段	消费升级	72.359	2015 年	2019 年	———————————
	供给侧结构性改革	8.422	2016 年	2019 年	———————————
	转型升级	8.447	2014 年	2019 年	———————————

第一阶段：1994—2006 年，市场导向的绿色消费理念提升研究

这一阶段的研究体现了国家的战略导向，聚焦可持续发展，但研究视野局限在生产端的绿色化。有学者在生产端的研究涉及绿色渠道、供应链策略方面（蒋洪伟和韩文秀，2000），在消费端主要是基于企业的视角围绕提升消费者环保意识的绿色营销策略方面开展研究（朱成钢，2006）。总之，推进可持续消费、绿色消费的政策路径是以企业为导向的，以规范企业生产方式、创新营销策略为主要逻辑（孙敬水，2002）。此外，由于绿色消费方式在这一阶段被提出，学者们围绕绿色消费模式也展开了研究（陈启杰和楼尊，2001）。

第二阶段：2007—2011 年，政府导向的绿色消费实现路径研究

这一阶段的研究开始与国家政策相结合，研究视野也拓展到政府导向的绿色消费、低碳消费的实现路径研究（于小强，2010）。有学者强调政策工具的创新（宋德勇和卢忠宝，2009），有学者开辟了对行为进行干预的绿色消费监管思路（王建明和王俊豪，2011），也有学者将低碳建筑、低碳能源和围绕电器节能、能源消耗的低碳消费融合进低碳城市的研究中（李迅和刘琰，2011），还有学者对政府干预下的绿色供应链展开思考（朱庆华和窦一杰，2011）。

第三阶段：2012—2019 年，社会导向的绿色消费升级转型

研究

这一阶段的研究主要集中在消费升级、绿色转型升级方面，研究视野也升级到社会导向的绿色消费升级转型研究。有对消费升级的论证，探讨是否已经实现了消费升级的实证研究（石明明等，2019）；有对消费升级的路径研究（杜丹清，2017）；也有关于绿色转型的研究，从以往的供给侧带动需求侧转变为消费升级带动产业升级（周国梅和李霞，2012）；还有对绿色消费监管的研究，从政府为监管主体向多元监管主体过渡，倡导协同推进机制（张雅静和胡春立，2016）。

三、国内外推进绿色消费及其监管研究的整合视角

国际与国内整合来看，可以将该领域的研究融合进包含推进方向、推进手段的二维框架内，国际自下至上的推进路线与国内自上至下的推进路线构成了推进绿色消费及其监管研究从消费者行为干预机制到监管政策工具设计的社会机制，再到制度体系建设、监管模式等制度运行机制研究的完整回路（图2-5）。其中，行为干预机制研究侧重绿色消费行为转化的驱动因素、转化路径研究，以及行为干预或监管手段对促进绿色消费行为转化的效果研究；社会机制研究主要指促进绿色消费行为的监管政策工具设计，如监管政策工具的激励约束机制，以及绿色消费与绿色生产、绿色发展等其他社会领域的嵌入与协同研究；制度运行机制研究强调制度层面宏观框架的设计，涉及推进绿色消费的制度体系建设、监管理念与监管模式等研究。同时，无论是基于制度设计的监管理念、监管模式研究，还是基于社会机制的监管政策工具设计研究，最终是要达成促进绿色消费的目标，完成绿色消费行为的转化，而对行为干预机制与行为干预效果的研究又为制度、政策设计优化提供反馈，所以推进绿色消费及其监管研究又是从消费者行为机制到政策干预再到消费者行为反馈的完整回路。总之，推进绿色消费及其监管是贯穿宏微观发展，包括行为过程、社会结构、制度设计的三重建构。

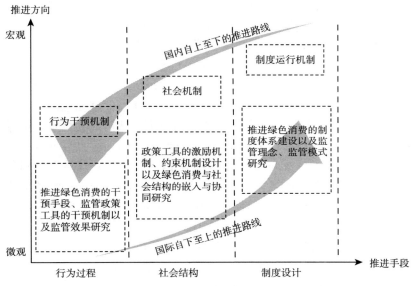

图 2-5 推进绿色消费及其监管研究的演进与脉络框架

第四节 推进绿色消费的监管
政策工具的相关研究

一、推进绿色消费的监管政策工具的含义与划分

监管政策工具的定义源于对国家权力的垄断和合法使用，监管政策工具可以塑造消费实践的基础设施、知识、激励、规范和期望（Fuchs 和 Lorek，2005；Thøgersen，2005）。推进绿色消费的监管政策工具诞生于 20 世纪 70 年代，如德国的生态标签"蓝色天使"（"Blue Angel"），并在 2003 年联合国提出"马拉喀什进程"后得到进一步加强（Wolff 和 Schönherr，2011）。

广义来说，推进绿色消费的监管政策工具就是对行为的引导、限制或约束（王建明和贺爱忠，2011）。从监管政策工具表现形式角度来说，Vlek（1996）将推进绿色消费的监管政策工具区分为结构或强硬型工具、心理或柔性型工具，其中，前者旨在改变个体的情境条件，后者则聚焦提升消费者意识和知识（Garling 和 Schuitema，2007；Steg，2003）。Steg 和 Vlek（1997）以绿色出行为例，将推进绿色消费的监管政策工具区分为推式型工具和拉式型工具，推式型工具包括禁止在市中心开车、提高燃油车辆的税率等，而拉式型工具通过增加消费者的出行选择来促进绿色出行，如改善公共交通、提供方便徒步或骑行的设施。从推式到拉式是推进绿色消费的监管政策工具的强制程度逐渐递减的连续过程（Wicki，2019）。Vedung（2004）直接将推进绿色消费的监管政策工具划分为强制型、经济型和信息型三类。Steg（2008）又进一步将监管政策工具划分为信息型工具和结构型工具，结构型工具又包含强制型和经济型手段，其中，信息型工具通过改变消费者的认知、动机、知识和规范来改变消费者行为，而结构型工具通过改变决策制定的情境因素来影响行为，如改变基础设施、改变产品定价、制定法规措施等。Wolff 等（2016）认为监管政策工具是一套治理技术，通过这些技术，机构行动者推动社会变革朝着既定目标前进。推进绿色消费的监管政策工具直接或间接（或兼而有之）通过改变宽泛的消费框架条件来改变消费者行为。监管政策工具根据影响效果机制的不同，可以分为监管、经济（基于激励）和自愿程序工具。

推进绿色消费的监管政策工具可以从两个维度来理解，一是监管政策工具的作用范围，二是监管政策工具的作用强度。作用范围是由外到内连续的过程，对外是减少或破除消费者绿色消费的外在障碍，增加绿色消费的便利；对内是对消费者自身赋能，改变消费者的消费动机，增强消费者的绿色消费意愿（Thøgersen，2005）。作用强度是指推进绿色消费的监管政策工具直接地或间接地或两者结合式地改变消费者行为，直接和间接的方式根据实施效果的作用机制不同而有差异（Wolff 等，2016）。推进绿色消费的监管政策工具的作用强度是从推式到拉式的连续过程（Garling 和 Schuitema，2007；Wicki，2019）。

引导消费是一个复杂的过程，不仅需要广泛的知识基础，监管者还需考虑监管政策工具的可接受性，因为监管政策干预会触及个体消费这个私人领域（Heiskanen 等，2014）。因此，以可持续消费为目标的监管政策工具大多注重自愿性和信息性，却常被认为缺乏"雄心壮志"（Mont 和 Plepys，2008；Berg，2011；Power 和 Mont，2012）。

二、特定监管政策工具的实施效果

Steg 和 Vlek（2009）回顾了与信息策略和结构策略两大类监管政策工具相关的研究。不同的行为干预策略聚焦不同的行为决定因素，信息策略和结构策略的不同在于：信息策略针对提升环境问题的意识，告知选择的选项，宣布可能的正面、负面结果，干预策略包含教育和信息宣传、信息提示、榜样、行为承诺和情境设计等，主要在于改变动机、感知、认知和规范；结构策略主要在于改变行为选择发生的情境条件，例如奖赏、惩罚、提供设施等。

推进绿色消费的监管政策工具主要从"内——改变消费者行为"和"外——改变消费情境"两方面来引导消费者的绿色消费行为。

关于信息型监管政策工具对绿色消费行为影响的研究主要集中在不同信息内容、不同信息形式的效果比较以及组合效果的验证方面。信息内容可以分为三类：一是向消费者提供环境知识以加强消费者环境问题意识并使消费者认识到自身行为对环境造成的影响；二是强调利他型生态价值观来影响消费者态度；三是利用社会规范告诉消费者应该如何做和别人是如何做的，从而引导消费者向绿色行为转变。信息形式主要有事前提醒和事后反馈两种。Litvine 和 Wüstenhagenr（2011）基于 TPB 模型的变量，发现通过提供影响绿色电力购买意愿的关键因素的信息，即购买态度、社会规范和感知行为控制，可以显著提高绿色电力市场份额。他们的研究结果表明，价格并不是购买绿色电力的唯一障碍，增加购买绿色电力的感知效益的信息，以及克服零售电力消费者惰性的有针对性的沟通是同样重要的因素。Ferraro 和 Price（2013）向家庭提供社会比较型信息和技术帮助型信息，并评估比较两种类型对家庭水消费量的影响，发现比较信息使行为转变最大，但持续时间不长，而有关新技术的信息可能使行为发生长久改变，但是覆盖面很小；此外，研究还发现，对价格最不敏感的家庭中，社会比较信息最有效，然而这些信息的有效性随着时间的推移而减弱。Ayres 等（2012）通过向家庭提供含有消费量的比较信息的用电、用气反馈报告来研究信息反馈对绿色能源消费行为的影响，发现信息反馈使能源消费量减少的幅度在 1.2%～2.1%。Abrahamse 等（2007）基于互联网研究一组组合干预政策，包含目标设置（5%的消减量）和定制化的反馈对家庭能源消费的影响，研究结果证明接受政策组合干预的家庭能源节约了 5.1%，相比对照组家庭少使用了 0.7%的能源。Ferraro 等（2011）利用随机对照实验研究了亲社会信息和社会比较信息对家庭水消费量的影响，发现虽然这两种策略都会影响短期用水量，但只有两种信息组合使用会对行为产生持久的影响。Allcott 和 Rogers（2014）利用 Opower 项目的田野实验，通过研究信息反馈、社会比较信息、能源节约信息对节能行为的影响来探索最优干预策略，发现信息监管政策干预能够激发行为的改变，但是随着干预的持续，消费者的努力开始相对迅速地衰退，人们已习惯了接受信息报告。

专注于利用信息影响绿色消费行为的干预研究面临的挑战之一是：由此导致的行为变化可能是短暂的，尤其是当一项行动的影响似乎很小或存在强烈的习惯时。虽然这一问题可以通过提供激励措施或阐明利益来解决（Stern，1999），但要产生持久的影响，就需要考虑一系列更广泛的行动决定因素，尤其是消费者动机和消费者预期结果。

反观结构型措施，Goeschl 和 Perino（2011）利用公共品实验研究税收和标准在促进个人对气候变化的贡献时发现，在排放标准保持中性的情况下，税收会"挤出"内在动机。Heller 和 Vatn

（2017）认为家庭垃圾分类行为的动机属于道德范畴层面，针对此类绿色行为，探究什么条件下经济激励是有效的；还比较了加权费用和固定费用对家庭垃圾分类行为的影响，发现相比加权费用，固定费用的实施效果更好。Perino 等（2011）利用田野实验，研究激励和强制政策与内部动机的相互作用效果，发现补贴和禁令在与内在动机的互动方面存在显著差异。Ito（2015）利用家庭多水平面板数据研究了补贴对家庭电力消费的影响，发现激励措施对沿海地区的能源节约行为没有任何影响，相反，在内陆地区激励措施导致了能源消费的下降，无论是短期还是长期均有影响，并提出要考虑监管政策作用对象的异质性来提升监管政策有效性。Homonoff（2018）研究激励的不同形式对监管政策有效性的影响，他将激励分为两种形式，分别是不良行为收费或良好行为奖励形式，研究发现，收费使一次性袋子的使用量减少了40多个百分点，而奖金对行为几乎没有影响。Ito 等（2015）研究了道德劝说和经济激励的实施效果的持续时间，发现道德劝诚具有显著的短期效应，但经过多次干预后，这种效应迅速减弱，经济激励产生了更大的持续效应，在最后的干预后诱发了习惯的形成。

　　经济措施和强制措施是最常用的，通常也是最有效的工具。然而，像这样的结构型措施往往会遇到公众和政治阻力，进而影响其实施效果（Richter 等，2010），并且仅使用这些传统监管措施是不够的（Stern，1999），还需要信息型监管政策工具的辅助（Ölander 和 Thøgersen，2014）。

　　有学者认为信息的提供往往更能成功地实现消费者认知因素的改变，而不是直接改变消费者行为，因此应该让信息的提供更具行动性。或者换个角度说，在什么情况下，监管政策工具需要补充"环境关注""环境态度"等认知因素来共同促进行为的转变？有学者逐渐将信息型监管政策工具和结构型监管政策工具进行组合，并检验其组合效果。Matsukawa（2015）通过一项家庭节能的田野实验证实，实时的信息反馈和经济激励政策组合使用可以有效促进家庭节能行为。Jessoe 和 Rapson（2014）利用随机控制实验（Random Controlled Trial）研究居民能源使用行为，他们认为，通过向家庭高频率地提供用电量的反馈信息，会使家庭对用电价格的提高更为敏感，与信息反馈组合使用提升了价格政策的实施效果，信息的提供促进了学习，有利于节能习惯的形成，从而可以导致温室气体排放的减少。Asensio 和 Delmas（2015）利用随机控制实验研究居民节能行为，发现为消费者提供特定的、量身定制的、可科学验证的、有关其用电量的相关环境和健康影响的信息，可以影响和激励有关日常用电量的行为决策，信息型工具是价格手段的有效补充。

然而，经济激励型监管政策工具和信息型监管政策工具的组合效果受到一些研究者的质疑，如 Perino 等（2014）基于超市的真实购买环境设计田野实验，检验了产品标签分别与购买补贴或非绿色产品限制两种政策工具组合对绿色消费行为的效果，当产品标签与购买补贴同时使用时，其组合效果不及两种政策工具独立使用的效果，购置补贴对消费者内在动机产生"挤出"效应，而对非绿色产品的限制则没有此效应；Dolan 和 Metcalfe（2015）研究发现，结合金钱收益反馈的复合干预策略的实施效果会大打折扣，在同等金钱奖励的情况下加入规范信息，金钱奖励的干预效果会立即消失，并指出其作用机制可能是经济激励型监管政策工具与消费者内在动机存在相互作用。在作用机制方面，也有学者认为虽然经济激励型和强制型监管政策工具的效果可能会随着消费者内在动机的存在而改变，但是内在动机仍独立于所选择的监管政策工具，它们之间不存在相互作用（Heyes 和 Kapur，2011）。

总结来看，在推进绿色消费领域，监管政策工具的组合效果逐渐引起学者的关注，由信息型监管政策工具内部不同信息内容的组合效果分析逐渐过渡到将信息型监管政策工具与经济激励型或控制命令型监管政策工具组合并考察这种复合型监管政策工具的组合效果，但研究结果并不一致，其作用机制还有待深入探究（表 2 - 9）。

表 2-9　特定监管政策工具的实施效果研究汇总表

序号	监管政策 工具类型	研究者	年份	目标 行为	监管政策 工具表现 形式	方法 数据	研究发现
1	信息型	Allcott, Rogers	2014 年	家庭节能 行为	反馈、社会 比较、节约 信息	田野 实验	信息手段促进及时 节能行为，但是随时 间发展效果递减
2	信息型	Ferraro, Price	2013 年	家庭节水 行为	规范信息、 社会比较信 息、亲社会信 息、技术信息	田野 实验	比较信息使行为转 变最大，但持续时间 不长，有关新技术的 信息可能使行为转变 发生长久改变，但是 覆盖面很小
3	信息型	Ayres, Raseman, Shih	2012 年	家庭用电 行为	比较信息 反馈	田野 实验	比较信息反馈有效 降低了家庭用电量
4	信息型	Steinhorst, Klöckner	2017 年	亲环境行为	金钱框架和 环境框架的信 息提示	实验	金钱框架下的信息 提示没有减少亲环境 动机，但是仅有环境 信息提示增加了亲环 境动机
5	信息型	Abrahamse, Steg, Vlek, Rothengatter	2007 年	家庭能源 相关行为	定制化信 息、目标设 定、定制化信 息反馈	网页 实验	信息的组合干预节 能 5.1%，控制组只 有 0.7%
6	信息型	Ferraro, Miranda, Price	2011 年	用水行为	亲社会信息 和社会比较 信息	随机 控制 实验	只有添加了社会比 较的信息才能对使用 产生持久的影响

（续）

序号	监管政策工具类型	研究者	年份	目标行为	监管政策工具表现形式	方法数据	研究发现
7	信息型	Allcott	2011年	能源消费	能源消费反馈、邻里比较信息、节能提示	田野实验	相比对照组用电量减少2%
8	信息型	Bjorner，Hansen，	2015年	绿色消费行为	描述性规范信息	网页实验	描述性规范信息可以促进绿色消费
9	结构型	Goeschl，Perino	2011年	亲环境行为	税收、标准	选择实验或公共品实验	税收"挤出"了内部动机
10	结构型	Perino，Panzone，Swanson	2011年	绿色消费行为	碳足迹标签、补贴、产品限制	线上情景模拟	产品限制型工具的实施效果好于碳足迹标签和补贴
11	结构型	Heller，Vatn	2016年	垃圾分类行为	加权费用、固定费用	调查问卷	相比加权费用，固定费用更能促进垃圾分类行为
12	结构型	Ito	2015年	家庭用电行为	补贴	多水平面面板数据，回归模型	激励措施对沿海地区的节能无效果；相比之下，退税导致内陆地区的短期和长期消费下降
13	结构型	Homonoff	2018年	一次性袋子的使用行为	惩罚框架和奖赏框架	实验	税收减少了40%的一次性使用，奖赏无任何效果
14	信息＋结构型	Jessoe，Rapson	2014年	居民能源使用行为	价格政策电量使用信息反馈	随机控制实验	和信息反馈组合使用提升了价格政策的实施效果

（续）

序号	监管政策工具类型	研究者	年份	目标行为	监管政策工具表现形式	方法数据	研究发现
15	信息＋结构型	Asensio，Delmas	2015 年	节能行为	价格政策环境和健康信息	随机控制实验	信息型工具是价格手段的有效补充
16	信息＋结构型	Perinoa，Panzone，Swanson，Leung	2011 年	绿色食品的购买	经济激励、行为限制和认证标签	田野实验	激励与限制分别与信息组合的相互作用效果存在差异
17	信息＋结构型	Ito，Ida，Tanaka	2015 年	节能行为	道德劝说信息和经济激励	实验	道德劝说信息具有短时促进效果，重复干预后效果迅速减弱，经济激励具有更强且持续的效果，可以激发习惯的形成
18	信息＋结构型	Ito，Ida，Tanaka	2018 年	能源需求	道德劝说和经济激励	实验	长时间来看，经济激励比道德劝说在减少能源消费上效果要好
19	信息＋结构型	Nauges，Whittington	2018 年	供水部门收益分析	信息和价格手段	实验	从社会净收益角度看，价格工具比信息推动收益大
20	信息＋结构型	Andor，Gerster，Peters，Schmidt	2014 年	非绿色向绿色产品购买转变行为	补贴、认证信息、单纯价格变化	田野实验	作为一种干预措施的补贴，其效果不如认证信息（标签）或中性框架下的价格变化

资料来源：作者整理。

三、数字经济时代的监管政策工具研究

数字经济的提法首次出现在唐·泰普斯科特（Don·Tapscott）于 1995 年所作的《The Digital Economy：Promise and Peril in the Age of Networked Intelligence》一书中（Radu Bores，2016）。该书通过论述美国信息高速公路普及化之后产生的新经济体制，宣告数字经济的来临。唐·泰普斯科特运用大量商业实例分析信息技术广泛应用过程中市场、管理、社会等方面的新变化和对策，指出数字经济时代是一个信息数字化和以知识为基础的时代，唐·泰普斯科特也被誉为数字经济之父。1998 年，美国商务部发布关于数字经济的第一份报告《The Emerging Digital Economy》，数字经济的概念正式得以应用。

目前，数字经济尚处于技术创新向产业革新的演进过程中，因此对其内涵界定、动力机制、发展模式以及可能产生的经济社会影响仍处于不断探索、充实的阶段（李路，2018）。张伯超和沈开燕（2018）指出，数字经济可划分为三个发展阶段，即数字化、网络化、智能化，数字经济是当前促进世界经济创新与包容性增长的重要动力。数字经济的显著特征是平台在其中扮演了重要角色，还有网络效应、大数据的应用（Valenduc 和 Vendramin，2016）。李长江（2017）认为数字经济的本质特征是数字技术，但除了数字技术、信息技术、通信技术等技术条件外，组织行为的内外部软环境也是数字经济必不可少的条件（Domazet 和 Lazić，2017；Sutherland 和 Jarrahi，2018）。同时，学者 Underhill（2019）指出，数字经济还包含家庭、个人层面的行为改变。Ciocoiu（2011）提出要将数字技术与可持续发展相结合。总之，从更广泛的意义上说，数字经济是在技术平台基础上搭建的全球信息流动的一种范式，用于在全球市场内生产、流通、交换、消费（Tsyganov 和 Apalkova，2016；Balcerzak 和 Pietrzak，2017）。

我国学者多聚焦在数字经济下技术赋能层面的监管政策工具研究，如数字技术如何对监管进行赋能和对数字监管技术的应用研

究。有学者指出，政府监管手段融合大数据技术有很多好处，大数据拥有规模海量、类型多样和流转迅速等特点，将大数据应用于环境政策分析中，能够有效提升环境政策的科学性、有效性和公平性（郑石明，2016）。有学者认为，利用大数据进行环境治理有可能性与可行性，可以打破政府绝对控制地位，使政府积极与企业、社会公众分工合作，形成主体多元、决策科学、监管高效、预警精准的治理体系（罗思洁，2018）。王晨（2019）则从监管体制层面指出数字经济时代可以通过大数据创造"大智慧"，通过完善数据共享平台，可以实现跨层级、跨地域、跨系统、跨部门、跨业务的协同管理和服务等。也有学者就具体领域提出具体的实施方案，如孙翔等（2019）基于条码识别、二维码识别以及图像识别技术建立智能垃圾精准分类系统，探讨了如何利用"互联网＋"、大数据等资源条件来影响人们的垃圾分类回收行为。只有少部分学者就具体的监管政策工具展开研究，如韩晓莉（2015）认为数字经济和大数据时代的环境政策必须更加注重信息型工具应用。由于在实践中存在着环境治理信息型监管政策工具的缺失与缺位现象，环境政策的实施受到影响。

国外学者的相关研究更关注如何依托数字技术，利用监管政策工具对行为进行更深层次的干预。数字经济对推进绿色消费的监管政策工具的影响表现在两个方面，一是监管政策内容的信息化，二是监管政策工具表现形式的多样化。相较于传统手段是改变消费者收益、改变法律法规约束，更强调传统手段与数字经济时代的信息手段相结合去改变消费者的信念（Koessler 等，2019）。

此外，由于在数字环境中决策的频繁性，2016 年"助推"的概念已经发展到数字领域，称之为"数字助推"（Digital Nudging）。"数字助推"是使用用户界面设计元素来指导人们在数字环境中的选择行为（Schneider 等，2018）。"数字助推"作为监管政策干预的一种方式，在数字经济时代如何实现及其有效性问题也在逐渐引起学者的关注。目前，关于"数字助推"的概念性论文越来越多，这些论文包括文献综述（Mirsch 等，2017）、基于实验设计的实证研究（Székely 等，2016；Djurica 和 Figl，2017）以及政策文件研究（Gregor 和 Lee Archer，2016），但是研究多围绕如何基于与用户交互的设计元素展开（lmuhimedi 等，2015；Demarque 等，2015），对"助推"、监管的机理研究还很少见。

第五节　本章小结与研究述评

一、总结与评述

Fuchs 和 Lorek（2005）曾言，推进绿色消费（可持续消费）的监管是一部希望与失败交织的历史。可见推进绿色消费的监管在不断修正与发展中，也说明推进绿色消费的监管研究是一个需要通过实践检验、总结经验，再反哺理论、不断迭代的过程。推进绿色消费及其监管是横跨多学科的研究领域，前文的文献回顾是从四个方面来综述该领域的研究，分别是：推进绿色消费及其监管的理论基础，监管政策工具选择与评估的相关理论，并利用知识图谱对现有国内外推进绿色消费及其监管的相关研究进行了全景式的描绘，最后将综述聚焦在推进绿色消费的监管政策工具的相关研究上。本部分就前文的理论基础与文献综述进行总结与评述。

1. 消费者行为的相关研究奠定了推进绿色消费的监管基调。在新古典经济学消费者理性人的假设下，推进绿色消费的监管通过调整个人的成本收益、提供价格信息、提供绿色产品认证信息、进行价格激励等干预消费者选择。随着行为经济学将消费者认知心理因素纳入消费者的决策分析，推进绿色消费的监管也开始关注消费者的非理性选择，通过对消费者选择情境的构造来助推消费者进行绿色消费，以及利用信息的框架效应来干预消费者的选择。另外，绿色消费属于亲社会性行为，对绿色消费行为的干预不能忽视消费者潜在的利他性偏好，要注重对消费者利他价值观的培养与唤醒。可见，推进绿色消费的监管主要有两个方向，一是通过降低行为成本来增加外在的便利进而促进绿色消费，二是通过干预消费者的心理加工过程、增强消费者内在动机进而促进绿色消费。

2. 监管理论向体系化发展，但缺乏对推进绿色消费的监管干预机制的挖掘。监管理论进一步向体系化发展，从强调对监管要素的识别、监管手段的多样化到包含监管政策工具设计、监管政策工具实施以及评估的体系化过程，但是忽略了监管政策工具干预的作用机理的深入挖掘。总体来看，消费者行为机制理论与监管理论并没有做到很好的结合，两方面是孤立存在的。怎样的监管政策工具在什么条件下、通过什么方式、对何种群体的行为改变产生效果，往往是监管部门面临和需要解决的直接问题，是更趋向于微观层面的问题。

3. 我国的监管研究从更为宏观的视角切入，一定程度上导致对行为作用效果的评估不够深入。我国针对绿色消费及其监管的研究，是从更为宏观、体系化的视角审视和思考绿色消费行为的推进。在推进绿色消费的进程中，我国政府发挥了强大的引导和推动作用，布局低碳发展、引领消费升级、构建全民行动体系以及将绿色消费纳入生态文明制度体系建设，使我国的研究者从更为宏观的视角切入，通过监管的社会机制、监管模式、制度设计来最终推进消费行为、消费模式的绿色化，是自上至下的推进路线。这种自上至下的推进路线，在一定程度上也导致监管政策工具的选择和对行为作用效果的评估研究得并不深入。

4. 推进绿色消费的单一监管政策工具的实施效果研究丰富，但监管政策工具的研究也呈现出一种新的趋势。信息型等单一监管政策工具的实施效果研究较为丰富，监管政策工具组合的实施效果研究大部分局限在信息型内部各维度的组合效果研究上，如不同信息内容、信息形式的组合施策，而对信息呈现方式的研究滞后于数字经济时代新的消费情境的发展，信息有更多的表现方式有待研究。信息型监管政策工具与结构型监管政策工具（经济激励型和控制命令型）的组合正逐渐发展成为一种新的监管研究趋势，但是这种组合的实施效果并无定论，其中的作用机制也存在争议。此外，推进绿色消费的监管政策工具的实施效果研究在西方情境下的研究相对较多，在中国情境下的研究有待加强。

5. 数字经济时代我国推进绿色消费的监管政策工具研究聚焦技术赋能的监管效能研究，而忽视了技术使能下监管政策工具选择、机制层面的创新。数字经济对推进绿色消费的监管政策工具的影响表现在两个方面，一是监管政策内容的信息化，二是监管政策工具表现形式的多样化。这需要在推进绿色消费的监管中重塑信息的传递模式及实现路径，即数字经济对推进绿色消费的监管政策工具的影响不仅是技术层面上的迭代。但是我国的相关研究却主要聚焦在如何对监管进行技术赋能，以及在技术驱动下对数字监管技术的应用研究上，忽略了数字经济对推进绿色消费的监管逻辑、监管机制造成的颠覆性影响，进而忽视了技术使能下监管政策工具选择、机制层面的创新。

二、进一步发展和突破的空间

1. 数字经济时代监管政策工具的表现形式需要丰富化。在数字经济时代，公共领域、私人领域和日常生活领域的边界都在逐渐消融，消费者的生活越发"数字化"，各种来源的信息如同插件一样嵌入在消费者的"信息空间"中，在无形中左右消费者的决策，消费行为的产生很大程度上取决于消费者所读取到的信息。那么，对于推进绿色消费的监管而言，一方面，要面临监管政策工具信息化的挑战，如信息型监管政策工具展现信息的内容、形式以及面向对象等都需要深入研究；另一方面，传统的经济激励型和控制命令型监管政策工具如何与信息型监管政策工具组合运用以提升监管效力，数字经济时代新的消费情境需要创新监管政策工具的表现形式，"数字化"的消费模式为推进绿色消费的监管政策工具组合提供了新的诠释平台。

2. 数字经济时代监管政策工具的选择分析需要增加新的维度。前文回溯的关于监管政策工具的选择理论，强调关注监管政策工具与监管情境匹配、监管政策工具与监管主体匹配、监管政策工具组合的匹配以及监管政策工具与实施过程的回应，但是对消费者的监管政策选择偏好的分析不多。推进绿色消费的监管是对消费行为的干预，数字经济时代监管政策工具的表现形式更加丰富多样，消费者对监管政策工具的接受、偏好程度决定干预的影响效果。这就需要在研究数字经济时代监管政策工具的特征属性的同时，深入分析微观个体对呈现不同特征属性的监管政策的偏好以及具有不同政策偏好的个体特征，从而根据不同的政策偏好选择不同的监管政策工具，以保证监管政策实施的效果。

3. 数字经济时代监管政策工具对行为的作用机制需要深入挖掘。 在数字经济时代，消费者消费的情境、消费者行为特征、消费者心理特征都在发生变化，对绿色消费行为心理成本、行为实施成本的感知必然与以往有差异，而且以组合形式出现的监管政策工具的作用机制如何，需要进一步深入挖掘。现有研究的关注多聚焦在以下几个方面：一是行为机制的研究较为细致，对影响行为的前置变量进行了深入分析，包含认知、情感等心理因素，也将外部影响以感知行为控制等变量的形式纳入模型，但是究竟对行为施加了怎样的影响在模型中并没有得到体现；二是监管理论模型详细阐述了对行为施加了怎样的影响，即干预手段，但是对通过何种机制、何种路径进行干预没有进行阐述；三是关注监管干预效果的实证研究主要侧重效果检验，而对机制进行分析的不多，现有的有关机制层面的分析多见于信息型的监管干预，且变量的选择较为分散，导致机制分析的结论没有概念性的共识。另外，机制发挥作用的边界条件也需深入分析。

4. 数字经济时代监管政策工具的评估需要结合数字经济情境。 推进绿色消费的监管旨在通过干预消费者的选择行为影响消费者的决策，使消费者趋向绿色的购买行为。监管政策工具的效果主要体现在消费者消费行为的转变上，并且能够做到因人施策，达到监管效果的最大化。目前，针对我国消费情境下的监管政策工具评估的实证研究主要以基于二手数据的环境监管类政策评估为主，基于行为数据、只针对绿色消费行为的研究不多，尤其是线上消费情境。此外，监管政策工具的实施效果评估既是结果导向的，也是过程导向的。一方面，监管政策工具的评估不应只局限在监管政策工具本身效力的考量上，还应结合时代背景环境的变化以及这种变化引发的监管主体和监管对象之间关系的转变、监管方式的作用机制的转变；另一方面，监管政策工具属性的微观偏好也将重构监管政策工具唯结果导向的评估方式。

■第三章　数字经济时代推进绿色消费的嵌入式监管的提出与分析框架

本章首先回顾了推进绿色消费的监管实践，然后分析数字经济对推进绿色消费的监管产生了哪些变革性影响，从监管逻辑和监管特征两个方面切入，以时间、空间、连接三个维度总结了数字经济时代监管政策工具的新转变。此外，监管政策工具随监管客体的变化而变化，所以还要深刻把握数字经济时代绿色消费的新动向。其次，在第一节内容的基础上阐述嵌入式监管，对推进绿色消费的嵌入式监管的含义、特征、实施条件、成本收益等进行分析阐述。最后，论述嵌入式监管的"工具—机制—效果"的分析框架，此分析框架统领后续的研究，涉及嵌入式监管政策工具的选择分析、机制分析、实施效果分析，这三个分析过程也是嵌入式监管影响微观个体的监管设计过程、路径操作过程和行为转化过程，最终在"工具—机制—效果"的分析框架下构成嵌入式监管营造行为生态体系的循环过程。

第一节　推进绿色消费的监管实践回顾

推进绿色消费的监管理论是伴随着推进绿色消费的监管的兴起与发展逐步发展起来的，在本节将短暂回顾推进绿色消费如何在国际社会引起重视，并重点回顾我国推进绿色消费的发展历程。

推进绿色消费的监管引起国际社会的重视，经历了从只关注生产端到供需两端同时关注再到开始重视消费端的过程。在处理日益严峻的环境问题上，国际社会态度的转变发生在 1992 年于巴西里约热内卢召开的联合国环境与发展会议，该会议通过的《21 世纪议程》发出了实现经济社会发展取决于全球消费的根本变化以及生产模式的呼声。在这之前，与生产相关的环境问题比那些与消费有关的环境问题受到更多的关注。2002 年召开的约翰内斯堡首脑会议建议制定促进可持续消费和生产的地区和国家层面的十年框架协议，包含：明确政策工具、评估机制，通过教育、信息宣传来提升消费者意识，发展和采用消费者信息工具等。2012 年召开的联合国可持续发展会议进一步强调社会消费和生产方式的根本变化是实现全球可持续发展不可或缺的。2015 年《联合国 2030 年可持续发展议程》将"确保可持续消费和生产模式"作为联合国可持续发展的目标之一，这一目标建立在一个共识之上，即"所有国家都应促进可持续的消费和生产模式"。

在我国，早在 1994 年国务院就发布了《关于贯彻实施中国 21 世纪议程——中国 21 世纪人口、环境与发展白皮书的通知》，提出可持续发展战略、政策和行动框架，将自 20 世纪 80 年代以来纳入基本国策的环境保护问题上升到可持续发展的战略高度。1996 年国务院办公厅转发国家计委、国家科委《关于进一步推动实施〈中国 21 世纪议程〉的意见》，明确在社会和经济发展中，要千方百计减少资源的占用与消耗，大幅度提高资源、能源和原材料的利用效率，努力减少直至消除生产过程中的污染。"九五"时期，我国在可持续发展战略框架下，积极推进经济增长方式由从粗放型向集约型转变，重点在供给侧实行节能监管。1997 年，国家颁布《中华人民共和国节约能源法》，将有效、合理地利用能源的目标以法律的形式加以固化。

进入 2000 年后，我国经济迎来高速发展期，在经济高速发展的同时，环境压力逐渐增大，环境污染日渐严重。在统筹人与自然和谐发展的科学发展观的指导下，明确尽快建立健全促进节约型社会建设的体制机制，逐步形成节约型的增长方式和消费模式。国家的监管政策开始兼顾消费端，主要针对消费过程的处理废弃环节出台了一系列举措，如加强废旧物资回收利用、加快废弃物处理的产业化、促进废弃物转化为可用资源、全面推行污水和垃圾处理收费制度。同时，开展全民环保教育，提高全民环保意识，首次提出推行绿色消费方式，2001年我国首次启动"绿色消费年"。针对绿色消费的监管初现雏形，监管主体主要是政府机构；监管手段比较单一，以法律法规为主，例如垃圾处理收费制度、垃圾分类标准、绿色旅游饭店标准；主要政策以试点示范的形式逐步展开，如创建绿色交通示范城市。

进入"十二五"时期之后，我国的经济发展进入了新常态，提升经济发展质量和效益、加快转变经济发展方式是这一时期的主线，贯穿于经济社会发展全过程和各领域。我国经济社会历经一场深刻的变革，绿色消费被赋予了新的内涵，绿色消费既是一种发展方式，也是全民行动体系。2015年中共中央、国务院印发《生态文明体制改革总体方案》，明确提出建立统一的绿色产品体系，完善对绿色产品研发生产、运输配送、购买使用的财税金融支持和政府采购等政策。环境保护部在《关于加快推动生活方式绿色化的实施意见》（环发〔2015〕135号）中提出，强化相关政策机制创新，全面构建推动生活方式绿色化全民行动体系。《国务院关于积极发挥新消费引领作用加快培育形成新供给新动力的指导意见》（国发〔2015〕66号）中强调，要完善政策实施评估体系，综合运用第三方评估、社会监督评价等多种方式，科学评估实施效果。2016年国家发展改革委办公厅印发《"互联网＋"绿色生态三年行动实施方案》，借助"互联网＋"促进生产生活方式绿色化。国家发展改革委、中宣部、科技部等十部门联合印发《关于促进绿色消费的指导意见的通知》（发改环资〔2016〕353号），推广利用"互联网＋"促进绿色消费，建立健全绿色消费长效机制。

在此阶段，监管主体、监管手段与监管机制在战略层面都有大幅度创新。首次提出将社会力量纳入监管体系，与以往只是孤立的监管主体不同，此阶段强调政府指导、协会推动、企业参与的良性互动机制。相关法律法规逐步完善，如低碳产品认证及价格制度、碳排放认证制度、碳交易制度、绿色消费积分制度，并开始关注监管政策效果的长效机制，建立健全促进绿色消费的长效机制。此外，在监管机制上提出了开创性的理念，强调监管能力建设、政策机制创新，优化政策支撑体系，在监管形式上注重事中事后监管，提出绩效考核办法、激励约束机制。

"十三五"时期，提出绿色是永续发展的必要条件和人民对美好生活追求的重要体现。中国梦和社会主义核心价值观与节约的消费观相融合，倡导生活方式的绿色化，实现生活方式绿色化带动下的低碳水平的提升。商务部办公厅印发《关于做好 2018 年绿色循环消费有关工作的通知》（商办流通函〔2018〕137 号），推动绿色消费；国务院办公厅印发《完善促进消费体制机制实施方案（2018—2020 年）》，指出发展壮大绿色消费，完善促进实物消费结构升级的政策体系，建立消费领域大数据分析常态化机制。《中共中央 国务院关于全面加强生态环境保护 坚决打好污染防治攻坚战的意见》指出，加快建立绿色生产消费的法律制度和政策导向；《中共中央 国务院关于完善促进消费体制机制 进一步激发居民消费潜力的若干意见》强调，健全消费政策体系。

推进绿色消费的监管形成多方参与、协同治理、"互联网＋消费"模式化和"大数据＋监管"常态化局面，并且进入体制机制加速创新，绿色发展制度标准、科技创新和监督管理等体系加速构建的新阶段，推进绿色消费的监管上升到社会行动体系的高度，在这一体系下进一步健全完善企业自治、行业自律、个人自觉以及社会监督与政府监管相结合的共同治理机制。在这一阶段法律法规更有针对性，如建立并推行绿色产品市场占有率统计报表制度；并且在政策评估上更进一步，明确提出建立消费政策评估机制，如可以委托第三方机构开展重大消费政策评估，建立消费领域大数据分析、辅助决策的常态化机制。激励约束从上一阶段的机制层面上升到制度体系层面。这一阶段强调系统推进，强化监督考核（表3-1）。

表 3-1 我国推进绿色消费的监管实践

发展阶段	1994—2006 年	2007—2011 年	2012—2020 年
监管目标	生态环境保护，推行绿色消费方式	绿色生活方式，公众参与，生态文明体制改革总体方案	绿色生产和消费方式在重点领域、重点行业、重点环节全面推行
监管重点	开展全民环保教育，提高全民环保意识，推行绿色消费方式；废旧物资回收利用，全面推行污水和垃圾处理收费制度	完善有利于节约能源资源和保护生态环境的法律和政策，形成可持续发展体制机制；推进绿色发展、循环发展、低碳发展，形成节约资源和保护环境的空间格局、产业结构、生产方式、生活方式	建立绿色生产和消费相关的法规、标准、政策体系，促进源头减量、清洁生产、资源循环、末端治理，扩大绿色产品消费，在全社会推动形成绿色生产和消费方式
监管领域	交通、城市生活垃圾处理、旅游业	零售（以旧换新、过度包装）、餐饮、绿色建筑、低碳交通、低碳产品认证、流通领域、绿色制造	资源税改革，新能源，绿色产品认证，绿色循环消费、绿色设计

来源：作者整理。

总体来看，早些年我国推进绿色消费带有很强的从属性，从属于生产端节能减排的一部分。通过生产端的绿色化、能源利用效率的提高，在市场的推动下吸引具有绿色消费意识的消费者购买绿色产品，因此培育消费者的绿色意识、提供绿色产品信息格外重要。但随着我国居民消费结构的逐步升级，对经济拉动作用的增强，推进绿色消费的主体性日渐显现，政府开始全方位布局绿色消费的推进：从加大监管政策工具的运用力度，促使生活方式带动生产方式的绿色化；到通过完善监管制度体系、变革绿色治理范式来寻求长期、稳定的驱动机制，从而构建绿色消费的社会行动体系。

第二节　数字经济时代推进绿色
消费的监管变革

一、数字经济时代的绿色消费

可称为第四次工业革命、抑或称为信息革命的数字经济时代，使我们由机器时代进入智能时代，并正在深刻影响我们的消费行为。与传统的工业时代消费不同，数字经济时代的消费具有四个特点：从功能型消费到数据型消费，从一次性消费到持续性消费，从单一产品消费到联网型消费，数字经济时代使消费更绿色和更健康（朱岩和石言，2019）。另有研究者认为数字经济时代的消费导致了更多的污染，如外卖服务业的快速发展与绿色消费相悖行。关于数字经济时代对绿色消费产生了哪些影响，在此将从消费观念、消费场景、消费方式和消费心理四个方面综述数字经济时代消费行为的变革，并在此基础上进一步分析阐述数字经济对绿色消费的影响。

（一）消费观念

绿色消费观念从群体价值向个体价值转变，绿色消费更追求与个体价值的契合。借助于大数据分析技术，消费者的消费行为能够被深刻洞察、分析与预测，在数字经济中更容易满足和实现个性化的需求，消费方式愈加多样化，消费者更加追求个性化的消费体验并要求参与体验。数字经济时代是个体价值崛起的时代。在传统时代，企业通过产品与消费者建立连接，企业响应并创造消费者的产品需求；而在数字经济时代，企业通过产品的附加价值与消费者建立连接，要满足消费者的价值追求（陈春花，2019）。消费不仅是产品的直接买卖，更是对消费过程进行内涵附值（张峰和刘璐璐，2020）。消费者的绿色消费行为追求自身对绿色的预期，在很多情况下，在线消费者并不想知道一个产品是否符合别人对绿色的定义，他们通过自己搜寻数据和相关资料来自己定义绿色（Gazzola等，2017）；绿色消费行为不只是停留在产品属性特征的绿色化感知，还要与消费者追求的个体价值相契合，如环境价值观念。

（二）消费场景

绿色消费场景从有边界向无边界扩展，绿色消费形成虚拟与现实双覆盖。随着数字经济时代线上应用场景的丰富化，公共领域、私人领域的边界在逐渐消融，数字世界和物理世界之间的边界也在快速消失（张康之和向玉琼，2015）。消费场景向无边化扩展，这是显性的扩展；此外，还有隐性的扩展，表现在消费决策路径的扩展，即数字经济使消费者逐渐形成数据思维，数据思维的形成打通了消费与决策之间的对接路径，突破了时间与空间的限制（韩文龙，2020），使决策与行为之间可以无缝连接。对绿色消费而言，消费场景边界的消融也意味着虚拟与现实的融合，消费者在虚拟世界的消费行为可以为现实世界的环保贡献力量（如蚂蚁森林），同时在现实世界的环保行为可以为虚拟世界积攒绿色能量，绿色消费的意义得以扩展和延伸。但同时，消费决策和消费行为的无缝连接也导致非理性的盲目消费，造成浪费。消费场景的扩展也使产品的迭代更快，致使消费周期更短、消费频次更高，稳固性消费习惯受到挑战（马香品，2020）。

（三）消费方式

绿色消费方式从产品化向信息化过渡，绿色消费容易陷入两极化困境。在数字经济时代，网络成为连接生产者、供给者和消费者的中间纽带。通过信息传递和互动，消费者可以获得个性化的商品和服务，各大消费平台已经深入到包含衣食住行在内的消费生活的方方面面（韩文龙，2020）。消费方式的网络化、平台化使消费逐渐由人际互动向人机互动转变（Kerber 和 Schweitzer，2017），消费者对互动模式的偏好，如娱乐模式、关系模式、信息模式等，成为影响消费行为的因素之一，消费决策由产品本身决定转向由产品周边信息决定。网络化、平台化的消费使消费的搜索成本降低，但同时也对消费者的搜索能力提出考验（Gazzola 等，2017），而消费者又极易陷入选择困境（马香品，2020），消费者能否在短时间内找到心仪的产品取决于消费者筛选信息的能力，然而不可避免的是，消费者也容易被"潮流"和"意见领袖"所左右（张康之和向玉琼，2015）。尽管平台可以通过数据分析技术完成供需匹配，但是消费者有被信息化的算法所左右的可能，如平台在数字经济时代以更低的成本进行消费者追踪（Goldfarb 和 Tucker，2019），基于消费者的过往行为数据对消费者进行商品推荐与匹配，难免导致"自茧效应"，会使绿色消费者更绿色，而非绿色消费者更非绿色。

（四）消费心理

绿色消费心理从"我能买到什么"向"我能成为什么"转变，绿色消费实现自我认同并塑造社会价值。数字经济时代与以往最大的不同可能源于自我定义的方式不同，以往的研究已经证明，传统消费时代消费者所购买的产品是消费者自我定义的一部分，然而在数字经济时代，消费者完成自我定义的方式是一系列消费痕迹，不再仅是单一的、独立的、购买后的产品所能决定。前文提到，数字经济时代改变了消费者的消费方式，网络化、平台化的消费方式使消费"雁过留痕"，消费行为能够被捕捉、被分析，消费者被数据"画像"，进而使消费者被定义，而被定义后的消费者形象还会继续被数据所强化，使消费者自认为"这就是我"。随着消费意识的觉醒，这种数据化的自我定义衍化为消费的心理成本，从自问"这个产品我感觉如何"到承担"这个产品会让我成为哪种人"的自我认同偏差的风险。数字经济时代的消费更凸显个人规范的作用，尤其是对绿色消费来说，消费符合个人规范，在消费中实现自我认同更为强烈。此外，有研究证实，虚拟、人机互动的沉浸增加了消费者的社会排斥感，而绿色消费增加了社会融入感、使消费者感知到实现了社会价值，数字经济时代的绿色消费帮助消费者塑造"我能成为什么"（Tezer 和 Bodur，2020）。

综上可见，数字经济对绿色消费的影响不是更绿色还是更不绿色的二分法判断，而是对消费行为的最基本元素——观念、场景、方式和心理的渗透性影响，使绿色消费呈现了不同以往的消费特征（表3-2）。个体价值观念的崛起，需要我们在绿色消费情境中关注价值观念的引导，对产品赋予价值层面的含义；绿色消费场景的扩展使绿色消费突破了时间和空间的限制，产生了比以往更广泛的影响，对线上消费的干预影响可能会覆盖到线下。但同时，网络化、平台化的消费方式造成的"自茧效应"以及消费中自我认同心理的觉醒和对社会价值的追求，对绿色消费行为的干预提出了新的挑战，需要在对推进绿色消费的监管干预中重塑消费信息的传递模式及实现路径，并且重塑居民消费的心理情景模式及实现路径（马香品，2020）。

表 3-2　传统时代与数字经济时代绿色消费特征对比

绿色消费维度	传统时代	数字经济时代
消费观念	追求群体价值，消费"跟风""从众"	追求个体价值，消费"个性化""出众"
消费场景	以线下消费为主，线上消费为辅	线上、线下场景打通，线上、线下互为促进
消费方式	人际互动，被产品本身影响	人机互动，被互动方式、周边信息影响
消费心理	实现产品功能型满足	实现自我认同和体现社会价值

来源：作者整理。

二、数字经济时代推进绿色消费的监管逻辑与特征

数字经济时代推进绿色消费的监管逻辑相比于传统时代发生了转变，由构成逻辑向生成逻辑转变，主要表现在逻辑起点、监管特征、监管模式、监管机制、监管目标等五个方面。在传统时代，推进绿色消费的思路是要清除阻碍绿色消费的限制因素，如政府对绿色产品提供购买补贴，以缓解绿色产品比其他同类产品价格过高的问题；颁布限塑令，打破人们对塑料袋使用的习以为常的习惯，为新的使用习惯扫清障碍。而在数字经济时代，推进绿色消费的思路是增加绿色消费的便利，如建立绿色商场、绿色社区，不是解决"什么不能做"的问题，而是关注"如何方便地做"。依托大数据、

智能技术，监管政策也由条块化、碎片化向定制化、实时化、智慧化过渡。向不同的消费者实时定制化地推送有关绿色消费的信息、政策，在技术层面已经不是问题，而在向谁推送、推送什么等方面的智慧化的实现上仍属于监管设计、监管机制问题，因为数字经济时代的监管机制逐渐在淘汰强制机制、选择机制，并转变为基于互联网思维的互动机制、匹配机制，从监管部门唱"独角戏"发展为消费者也能参与到监管过程中，监管者与监管对象之间不再是单向的指令与服从，而是双向的反馈与循环。相应地，推进绿色消费的监管目标从聚焦行为的转化扩散到行为生态体系的建立。在传统时代，监管部门实行监管往往有自己独立的空间，如公众通过主动登录政府网站获取信息，与政府部门产生互动交集，在大部分情况下监管部门与社会、市场保持着距离。而数字经济的发展为监管部门、市场、社会提供了多样的对接接口，可以实现数据共享、资源共享以及机制共享，从原来一个个独立的节点形成行为生态体系，弥补了政府与企业、公众共治体系、社会行动体系建设不足的监管问题（表3-3）。

表3-3 数字经济时代推进绿色消费的生成监管逻辑与传统构成监管逻辑的比较

比较维度	生成逻辑	构成逻辑
逻辑起点	增加便利	破除障碍
监管特征	定制化、实时化、智慧化	条块化、碎片化
监管模式	双向监管	单向监管
监管机制	互动机制、匹配机制	强制机制、选择机制
监管目标	行为的转化＋行为生态体系的建立	行为的转化

来源：作者整理。

在这样的监管逻辑下，数字经济时代推进绿色消费的监管呈现以下特征：

1. 推进绿色消费的监管从"分"到"合"。推进绿色消费的监管从"分头监管""多方施策"到形成"监管合力"再到形成"政策合力"。在传统时代，监管机构职能分散、多头监管，部门之间职能交叉、不能有效达成信息共享和协同合作，而且法律法规零散、条块分割，不成体系。在数字经济时代，以大数据信息共享和服务平台为依托，按照统一的标准和规范，融通整合监管部门间数据资源和信息系统，形成去中心化、多元化、专业化的监管组织形态，形成监管合力，不断完善监管政策体系，使监管合力进一步释放政策合力。数字经济时代的挑战是如何继续深化政策合力。

2. 推进绿色消费的监管从"面"到"点"。 推进绿色消费的监管从"广撒网""面面俱到"式的监管向"对症下药""点对点"式的监管转变。在传统时代，监管部门对绿色消费领域主要进行分散的、一刀切式的强制性管制，抑制消费行为不"向恶"，缺乏对绿色消费行为的深入洞察与监测，导致对绿色消费行为的驱动机制认识碎片化，故而监管无法精准"对症"。在数字经济时代，大数据技术对症结问题的识别与处理，使监管者能够获得的参考资料比以往任何时候都更精细，对绿色消费面临的问题的把握更精确，对差异化的监管对象的识别更精准（刘建义，2019）。然而这种监管方式的转变也带来新的挑战。由"面"到"点"意味着推进绿色消费的监管对消费行为干预的渗透力越来越强，成为对公众而言信得过、能监督的职能主体，提高监管的公信力，是监管政策工具选择、监管政策发挥效力的重要因素（胡仙芝和吴文征，2016）。

3. 推进绿色消费的监管从"智能"到"智慧"。 推进绿色消费的监管从"技术赋能"的智能监管到"机制优化"的智慧监管。随着数字经济的深入发展，数字技术在政府监管体系建构与实践中的深度嵌入，推进绿色消费的监管也从初级阶段的"循数"监管（刘建义，2019）转向更高阶段的在"循数"基础上的"循人"监管，逐渐突显数据、信息的关键作用，识别数据表象下数字经济时代对消费者心理、行为动机的深层变革，关注信息如何与人进行互动。所面临的挑战是监管政策工具如何做到信息化、呈现什么样的信息内容、如何呈现以及向谁呈现。

4. 推进绿色消费的监管从"连接"到"嵌入"。 推进绿色消费的监管从横向或纵向一维的"连接"到横纵向二维的"嵌入"。随着数字经济的深入发展，在监管体系上有了横向的连接，如主体协同、数据协同、机制协同、制度协同、职责协同、目标协同等横向连接；绿色消费的概念也继续向纵向拓展，形成一个连贯的过程，即从购买购置、使用消费、废弃处理到互动分享等四个环节。但是这些只是或横向或纵向的一维的连接，而数字经济为推进绿色消费的监管带来了从一维连接到二维嵌入的转变，具体表现在监管政策工具嵌入绿色消费的全过程，推进绿色消费的监管政策工具嵌入其他政策单元，如将绿色消费嵌入绿色社区建设中。所面临的挑战是数字经济使推进绿色消费的监管从互动到联动，应深度挖掘各个监管元素之间的相关关系和嵌入结构，从多个维度推进绿色消费。

三、数字经济时代推进绿色消费的监管政策工具

国际数据公司 IDC 公布的《数据时代 2025》报告显示，2025年人类的大数据量将达到 163ZB，将比 2019 年创造出的数据量增加 10 倍。这表明注重数据价值的时代已经来临，人类社会已经进入并正在以数字化为表征的数字经济的大潮中急速前进（陈剑等，2020）。在以互联网、大数据、云计算等新兴数字技术为依托的数字经济时代，人们的行为方式、消费模式等在随之改变，监管政策工具也迎来变革。依靠大数据技术辅助监管决策成为常态，当前数字技术与监管政策工具深度融合。例如，政府基于大数据建立动态出行管理平台，通过路线匹配算法、自动撮合算法和云计算模型等技术手段，结合实时的路网流量数据，为出行者智能地规划最优路径，并将起讫点相同或相近的出行者匹配在同一次出行中，建议其共享出行，进而在满足人们出行需求的同时降低私家车的出行数量（朱中毅等，2016）。

然而，对推进绿色消费的监管政策工具而言，数字经济概念的核心不仅是效率提升和技术迭代的概念，而且是工具创新和机制优化的概念。将数字化技术应用于监管政策工具的创新时，仅依赖技术分析发现关联关系是不够的，对背后行为干预机理的研究，即对

行为干预措施和行为结果的因果关系的识别，具有更为重要的意义。通过发现相关关系来构建的模型，存在着过度拟合、算法演化等问题，从而导致系统偏差（Lazer 等，2014）。为了更好地利用数字经济时代数据的潜在价值，需要将数据分析与监管机理相结合，将从数据中获得的洞察转化为具体的监管政策工具实践（Henke 等，2016）。在推进绿色消费的监管决策的过程中，监管部门需要通过学习决策变量和结果变量之间的因果关系才能有效地制定行为干预策略（Bottou 等，2013）。对于监管部门而言，核心目的是引导消费者消费行为的绿色化，其中不但需要利用先进的数据分析技术提升监管政策工具的效能，更需要创新监管模式，把数据转化为生产力，在规范消费者行为的同时实现消费者价值，使推进绿色消费的监管政策工具从技术赋能走向技术使能。

总结来看，可以从时间、空间、连接三个要素层面来区分传统时代与数据经济时代的监管政策工具（表 3-4）。时间要素上，传统监管政策工具是对行为的事后干预，而数字经济时代的监管政策工具是事中干预，在消费者决策过程中干预消费者的选择，影响消费者决策；空间要素上，传统监管政策工具以监管者为中心，监管政策工具以政策文本形式的实体化呈现，而数字经济时代的监管政策工具深入消费者的决策场景，可以利用数字技术与用户进行交互设计，监管政策工具变得情景化、场景化；连接要素上，传统监管政策工具注重监管主体间的连接以提升监管效能，而数字经济时代的监管政策工具注重和消费者之间的连接，利用信息化工具从多个领域改变消费者的信念，实现消费者价值。

表 3-4 传统监管政策工具和数字经济时代监管政策工具比较

要素	传统监管政策工具	数字经济时代监管政策工具
时间	事后干预	事中干预
空间	监管者界面	消费者界面，监管政策工具的情景化、场景化
连接	监管主体间连接，提升监管效能	和消费者建立连接、实现消费者价值

来源：作者绘制。

第三节 推进绿色消费的嵌入式监管的提出

一、推进绿色消费的嵌入式监管的内涵

数字经济时代为增强政府与公众之间的互动提供了技术基础，新兴的技术力量渗透并塑造政府部门的监管方式，原来主要以各种宏观把控为特征的"大监管"正在逐渐变成对公众日常生活的"微观嵌入"。

Polanyi 于 1944 年首次提出嵌入性理论，指出经济体系的运作过程中蕴含着社会体系的影响，经济行为总是嵌入于文化、习俗等非经济行为中，侧重于经济体系与社会体系的双边联系，后来逐渐发展为组织经济行为与社会体系各方面的多边联系。从网络联系的视角看，可以划分为结构嵌入和关系嵌入两种嵌入类型。结构嵌入强调网络联系的整体功能和结构，关系嵌入侧重网络关系给组织带来的获取信息和资源的作用机制（杨玉波等，2014）。

在公共管理、监管领域，研究的焦点是基于网络的延伸、政府与社会互动增进过程中的嵌入式的治理、监管模式，针对不同的细分领域，研究者赋予嵌入式以不同的表达形式。如黄璜（2016）将"微政务"定义为政府的一种嵌入式治理模式，政府通过微博、微信等"微平台"与社会进行互动、建立关联，是政府治理对社会生活的"无缝隙"融入的过程。邢华和邢普耀（2018）针对大气污染治理的区域合作难题，提出纵向嵌入式的治理模式，并且将嵌入的类型细分为政治嵌入、行政嵌入、机构嵌入和规则嵌入。在金融监管领域，冯辉（2012）提出金融监管应突破以看守和惩罚为核心的监管理念，采用嵌入式的金融监管理念，强调监管要嵌入监管对象，从单向监管向综合性监管转变，将监管从外生的干预性强制力转化为内生因素。巴曙松等（2020）提出利用区块链技术，在数据共识机制内嵌监管规则，发展了一种监管科技层面的嵌入式监管概念。金通等（2017）针对"互联网＋"下的出租车监管，考虑平台

型出租车企业的重要作用，实行"政府—平台"双层嵌入式监管模式。可见，研究者对嵌入式的治理、监管并没有统一的含义、形式的界定，但是基本是基于"连接、关联"的嵌入性逻辑，使政府或监管部门与治理或监管对象、治理或监管过程之间呈现出崭新的结构优化、关系转换图景。

　　推进绿色消费的嵌入式监管包含三层含义。一是嵌入式监管的逻辑起点。从绿色消费本身的特点来说，绿色消费天然地与其他购买行为有所区别。绿色消费既有产品或服务给自身带来的利益和成本的权衡，也有对环境问题的关心，但保护环境行为的受益者往往不是消费者自身，而是整个人类生态环境。绿色消费体现了个体的亲环境动机，已超出了单纯的经济动机的范畴，具有一定的道德属性。嵌入式监管首先依托的是绿色消费的这种双重属性，因此嵌入式的监管政策工具必然是复合、组合式的。二是嵌入式监管的形式。消费者的生活越发"数字化"，各种来源的信息如同插件一样嵌入在消费者的"信息空间"中，在无形中左右消费者的决策，而且对消费者绿色消费行为的干预也不再局限在某种单一监管政策工具上，"数字化"的消费模式为推进绿色消费的监管政策工具组合提供了新的诠释平台。监管部门基于互联网在消费者的产品选择页面中（"信息空间"）嵌入监管信息，如同信息插件一样，与其他来源的消费信息一同嵌入在消费者的"信息空间"中。三是嵌入式监管的模式。在传统的监管政策工具中（如经济激励型和控制命令型）嵌入信息化的引导提示，将传统的监管政策工具和信息引导提示在消费者的产品选择页面中（"信息空间"）得以组合运用，改变传统模式中由消费者主动发起的监管政策信息的搜寻，对消费者进行精准推送；并通过在传统监管政策工具中嵌入信息化的引导提示，帮助消费者理解出台的监管政策，同时强化或重塑消费者的价值观念，进而引导消费者行为"向绿、向善"。

　　总结来看，嵌入式监管包含三个层面的嵌入：一是监管政策工具之间的嵌入，信息型监管政策工具嵌入经济激励型或控制命令型监管政策工具中，使后两者不仅是监管政策的呈现，而且具备差异化信息引导的作用；二是监管政策工具与消费情境的嵌入，监管政策工具嵌入消费者网络化的线上消费情境中，识别和捕捉消费者绿色消费的动向和趋势；三是监管政策工具与监管对象的嵌入，基于消费者对监管政策的选择偏好的监管政策工具设计，使监管者不再是"冷面的指挥者"，而是"贴心的参谋"。

基于此，数字经济时代推进绿色消费的嵌入式监管的定义是：首先是监管政策工具组合，其次强调组合方式是嵌入式组合，信息型监管政策工具以信息提示形式嵌入传统监管政策工具中，形成监管政策工具组合，精准地对消费者线上消费过程进行干预来影响消费者决策，进而改变消费者行为，而消费者在干预下做出的消费决策反过来可以优化监管决策及监管政策工具设计。

下面从嵌入内容、嵌入时机、嵌入方式三方面详细阐述嵌入式监管的含义。

1. 嵌入内容。公众可以从不同渠道获取信息，这些信息丰富着个体的经验、知识，也在塑造着个体的价值观念。推进绿色消费的嵌入式监管在某种程度上是向消费者传递信息的过程，希望以信息嵌入的模式影响消费者的消费需求、动机，改变消费者的行为。这种信息嵌入的过程是由两个步骤组成的。一是将传统结构型监管政策工具信息化的过程。消费者一般通过监管部门出台的推进绿色消费的相关政策法规、规章来获取与自己有关的政策信息，往往具有滞后性，而且体验感较差。嵌入式监管政策工具则是将这些监管政策与具体的产品信息结合，在消费页面中呈现给消费者，辅助消费者决策。二是将信息引导型监管政策工具以不同的内容形式嵌入传统结构型监管政策工具中。传统结构型监管政策的信息化是将监管政策文件转化为页面加载信息的形式，而信息引导型监管政策工具嵌入这种信息加载中，引导消费者的注意力，使监管政策信息的呈现更加立体化。信息的彼此嵌入映射出一种对个体（信息）生活的融入（黄璜，2016）。单纯的信息引导所带来的行动力较弱，而单纯的激励或强制措施并不能影响消费者的价值观念，只会带来短暂行为的改变。嵌入式监管政策工具以"结构型政策＋信息引导"

的内容嵌入形式，即两种监管政策工具组合的形式，来对消费者行为进行干预。

2. 嵌入时机。嵌入时机要回答何种契机下嵌入式监管得以运用，以及何时使用嵌入式监管政策工具的问题。前者是偏宏观的背景问题，后者是偏微观的操作问题。数字经济下兴起的平台经济、平台机制，进一步强化了数字经济的开放性、共享性，为嵌入式监管提供了契机。从技术层面上，使监管政策工具"轻装化"，成为消费场景应用的一个嵌入元素；从机制层面上，嵌入不仅是一种基于技术的监管程序设计，更是一种监管机制的优化创新。以往监管部门、市场、社会三者之间存在难以跨越的信息壁垒，而互联网平台的开放、共享机制使得公私的边界感日益模糊，政府、企业以及消费者形成共生的行为体系，推进绿色消费的监管过程成为不断嵌入这个共生网络的过程。在实际运用中，嵌入式监管政策工具主要针对消费者线上消费行为进行干预，通过向消费者进行信息输送来影响消费者决策，而不是消费行为发生后的信息反馈，是融入消费情境、对消费者消费过程的嵌入，属于事中干预或事中监管。

3. 嵌入方式。嵌入式监管是对监管对象，即消费者的精准化嵌入。前文提到嵌入内容是信息的嵌入，但这不是"广播式"的信息嵌入，而是"定制式"的精准化的信息嵌入。在传统时代，统一配置的信息模式符合个体"趋同""从众"的心理需求；那么在数字经济时代，以个人为中心，按照个体偏好按需配置的信息模式是对新时代下网络化个人主义、个人价值诉求觉醒的响应，意味着经验、知识、价值观等是可以被个体自己定制的。监管政策工具干预的内容、干预的方式等在某种程度上会影响消费者决策，例如，如果是对控制命令型政策有抵触心理的消费者，监管部门想利用这一类监管政策干预影响消费者行为，其效果必然是反其道而行之；再比如，在利用信息型监管政策工具进行行为干预时，是阐述进行绿色消费带来的积极影响，还是阐述非绿色消费带来的消极影响，对不同的消费者所起到的作用可能也是不同的。所以，嵌入式监管政策工具要与监管对象相匹配，以监管对象所偏好的内容、方式等进行差别化监管，做到推进绿色消费的监管因人而异。

二、推进绿色消费的嵌入式监管的特征

推进绿色消费的嵌入式监管的特征是嵌入式监管政策工具与监管对象之间可以精准匹配，监管政策工具之间可以嵌入融合，监管主体对监管政策工具可以动态监测。

1. 监管政策工具与监管对象之间可以精准匹配。推进绿色消费的嵌入式监管政策工具实行精准化的嵌入，是基于这样的逻辑：首先是完成有关消费者监管政策的选择偏好的差异化识别，并挖掘影响选择偏好的消费者个人特质信息，旨在为不同偏好的消费者匹配相应的监管政策信息；其次是挖掘不同类型的嵌入式监管政策工具产生作用的路径机制，且识别不同类型的嵌入式监管政策工具针对不同消费群体的路径机制的差异性，旨在为不同的消费群体匹配相应的嵌入式监管政策工具。

2. 监管政策工具之间可以嵌入融合。依托数字经济时代互联网技术的发展，随着推进绿色消费的监管的不断深入，监管政策工具逐渐丰富，其表现形式也愈加多样化。监管部门和研究者欣喜于技术的迭代提升了单一监管政策工具的监管效能，却对监管政策工具的组合运用、监管政策工具间的相互作用效果重视不足。往往某一类型的监管政策工具的效力会被与其组合施策的另一种类型的监管政策工具所抵消，例如，普遍认为消费者喜欢经济激励型政策，监管效果也相对较好，但是当经济激励型监管政策工具与其他类型监管政策工具组合使用时，可能会产生"化学作用"，消费者会产生"逆反心理"，导致监管效果并不如人意。当然，监管政策工具之间相互作用的结果也可以是加强了彼此的效力等多种作用形式。嵌入式的监管政策工具，如前所述是组合式的，而且监管政策工具之间是嵌入融合的，以致发挥政策合力。

3. 监管主体对监管政策工具可以动态监测。传统时代推进绿色消费的监管是单向的，由监管部门发布监管政策，而监管部门在获取公众对监管政策的反应、监管政策的实施效果等反馈信息上具

有强烈的滞后性，监管政策工具只能绩效后评，无法动态监测，导致监管主体和监管对象"各做各的"，监管政策工具也被"架空"，影响监管效力。嵌入式监管政策工具通过对线上消费情境的嵌入，使得监管部门在对消费行为进行干预的同时，可以收集消费者的点击数据、消费数据等大数据信息，动态监测监管政策工具的实施效果，及时优化监管政策，并在进一步分析消费者的政策偏好、绿色产品偏好的基础上，可以更加精准地制定监管政策，有利于绿色消费的系统性推进，也有助于提升监管政策工具的整体性运用水平。

三、推进绿色消费的嵌入式监管的实施条件

推进绿色消费的嵌入式监管的选择与实施，以及最终效果的实现，要基于一定的实施条件。在此从主体要素和技术要素两个方面来阐述。

1. 主体要素（数字思维）：监管部门角色的认识与重塑。数字经济时代唯一不变的是"变化"，但不是仅满足于"变化"本身，而是追求"变化"的速度（陈春花，2019），监管部门也要在快节奏的"变化"撞击中，不断创新监管的方式方法，同时调整自身的角色定位。尤其是推进绿色消费的监管是对个体行为的干预，监管部门的角色定位显得更为微妙，太"家长式"可能会引起个体的反感，采用"叮咛式"又可能起不到监管的理想效果。此外，监管部门面对越来越主流的线上消费，如何处理与线上消费媒介（平台）的关系，也在重新塑造着监管部门的角色定位。对于嵌入式监管而言，在处理与线上消费媒介（平台）、消费者的关系时，要转变传统的机械思维方式，不能机械地认为二者要么是合作、要么是博弈、要么是从属关系等，而要采用数字思维方式，将"点"连成"线"并织成"网"。数字经济时代推进绿色消费的监管进程中，监管部门要做好两个角色转换：从监管政策垂直式的"供给者"到营造生态行为体系的"织网者"，从监管中的"指挥官"到"参谋官"的转换。

2. 技术要素（数字技术）：大数据的有效集成与融合。毫无疑问，数字经济发展带来的智能化、大数据技术是使用嵌入式监管的前提条件。监管政策工具与实施对象之间可以精准匹配，监管政策工具之间可以嵌入融合，监管主体对监管政策工具的动态监测，都需要底层数字技术的支撑。数据本身即是重要的监管要素、创新原材料。监管部门在区域及城市空间尺度上拥有体量巨大、维度丰富的数据，这些数据资源化后产生的价值极高，能够超越过往依赖的人为经验，为有效处理复杂多样的监管问题提供新依据、新手段。通过数字世界协助物理世界高效、有序地运作，通过两个世界的数据转化与分析，最大化挖掘数据价值，以数据优化决策，使监管"数智化"程度加深。

四、推进绿色消费的嵌入式监管的成本与收益

计算监管的成本与收益可以确定是否需要监管，或者改进监管的方式方法以增加监管收益、减少监管成本。在前文的理论回顾部分，已证实消费的外部性会导致市场失灵，所以推进绿色消费必然需要政府的监管。那么，如何监管以及如何与时俱进地在数字经济时代进行监管，是本章以及接下来章节阐述与详细论证分析的主要问题，但前提是确定"如何计算监管的收益与成本"这一监管的基础性问题。在西方经济学中，是按照边际收益等于边际成本的原则来计算最佳产量的，但是在政府监管领域，难以计算政府监管的边际成本和边际收益，因此也无法用边际成本等于边际收益的利润最大化原则来决定最佳政府监管。理论上讲，虽然推进绿色消费的监管不同于对自然垄断行业的监管，但是政府监管也必然引起企业生产成本的增加，如监管部门要求企业进行绿色生产、绿色产品认证以及相关环境信息披露等都会加重企业负担。如果企业将监管成本通过价格转移至消费者，如图 3 - 1 所示，企业由于政府的监管平均总成本由 ATC 上升到 ATC^1，相应的边际成本 MC 也随之上升至 MC^1，价格从 OP_r 上升到 OP_r^1，由此消费者所承担的由于政府的监管引起的成本为 $P_r^1ABP_r$，如果监管引起的成本负担小于监管

前的生产者剩余和资源配置效率损失之和，则是有意义的监管（植草益，1992）。换个角度，从社会福利角度来看，如果监管成本小于消费者剩余增量与生产者剩余增量之和，则监管增加了社会福利（施蒂格勒，1989）。

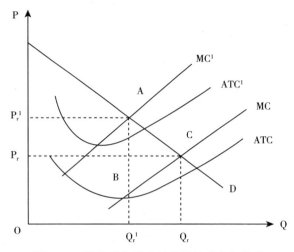

图 3-1　推进绿色消费的监管的成本与收益

　　但是，这两种计算方法在实际中难以操作，因为消费者剩余和生产者剩余只是人们在心理上的感觉，很难进行定量计算（王俊豪，2001）。推进绿色消费的嵌入式监管是利用监管政策的信息化呈现和监管政策工具的组合式干预，对消费者的在线决策过程进行助推，它的监管收益与成本的计算方法是：以消费者绿色产品支出增加的数量和生产者因绿色产品增加收益的数量的加总数来计算监管的收益，以政府监管的制定与实施成本等的加总数来计算监管成本。推进绿色消费的嵌入式监管的成本可能更多地花费在监管方案的制定阶段，需要进行政策实验来完善嵌入式监管政策工具的设计，然而一旦设计完成，在实施层面主要集中在技术层面的对接。相比于传统时代，数字经济时代数字技术的快速发展也降低了监管的实施成本。

五、推进绿色消费的嵌入式监管政策工具的组合模式

前文关于嵌入式监管的定义中提到，嵌入式监管首先是监管政策工具的组合，本部分就其组合模式进行阐述。

一般说来，监管政策工具的组合模式有两种。一是同一环节不同监管政策工具联结的组合模式，这是监管政策工具的横向整合。监管政策工具可划分为信息引导型、经济激励型、控制命令型三种，消费过程划分为购买购置、使用消费、处理废弃三个环节。表3-5依据监管政策工具类型和消费过程两个维度总结了推进绿色消费的监管政策工具箱。在绿色消费的三个环节（购买购置、使用消费、处理废弃）中，组合运用信息引导型、经济激励型、控制命令型监管政策工具。例如，在购买购置领域，智慧化监管信息和绿色产品购买补贴组合使用，对消费者绿色购买行为进行智慧化追踪，根据消费的绿色轨迹动态调整补贴额度，避免购置补贴只是

表 3-5　推进绿色消费的监管政策工具箱

消费过程	信息引导型	经济激励型	控制命令型
购买购置	智慧化监管信息 消费积分制度 能效标识管理 绿色公民行动 全民节约行动 绿色人物评选	绿色财政税收政策 押金返还制度 绿色产品购买补贴 非绿色产品购买征税 （环境税或污染产品税） 绿色产品金融支持 资源性产品绿色价格机制	市场准入制度 标准体系建设 强制性国家标准 绿色招投标制度 低碳绿色产品认证 红名单或黑名单制度 政府绿色采购制度
使用消费	智慧化监管信息 绿色消费信息标识 绿色消费信息反馈 绿色公民行动 全民节约行动 自愿承诺行动 家庭低碳计划 绿色人物评选	降低绿色消费的经济成本 增加非绿色消费的经济成本 押金返还制度 绿色信用体系建设 以旧换新等多样化形式 价格政策（阶梯电价、水价等） 替代方案（新能源的推广使用）	强制性报废制度 节能技术改造 （产业结构优化升级） 节能产品标准 低碳绿色产品认证 一次性产品（塑料袋） 限制生产销售 汽车尾号单双号限行

（续）

消费过程	信息引导型	经济激励型	控制命令型
处理废弃	智慧化监管信息 绿色回收信息标识 绿色回收信息反馈 绿色公民行动 公民自觉行动 试点示范	废旧产品的回收处理补贴 对废旧产品或包装的 押金返还制度 生活垃圾抛扔计量收费 大件垃圾抛扔计件收费 垃圾分类回收积分兑换	强制性垃圾分类 强制性垃圾处理收费 国家垃圾分类标准 回收利用体系建设 （两网融合）

来源：作者整理。

"一锤子买卖"，解决购买补贴等经济激励型监管政策工具激励时效短的问题。二是同一监管政策工具不同环节打通的组合模式，这是监管政策工具的纵向拓展。同一监管政策工具可以在绿色消费的三个环节（购买购置、使用消费、处理废弃）同时覆盖，彼此间相互关联。例如，消费积分制度将各环节的积分兑换形式打通，不只对购买行为有效，而且对节水、节能、节电等日常使用行为和绿色出行、垃圾减量与回收等绿色消费环节同样有效，贯穿于绿色消费的全过程，解决消费积分等信息引导型监管政策工具"浮于表面"的问题。

　　嵌入式监管政策工具的组合模式是多维嵌入的。某种意义上说，推进绿色消费的嵌入式监管政策工具的组合模式更接近多维嵌入的横向整合模式，主要体现在监管政策工具组合结构优化以及与监管对象关系转换两方面。具体来说，在监管政策工具组合结构优化方面，监管政策工具间是嵌入式的联结组合，将信息引导型监管政策工具细分为不同的信息引导内容，并嵌入经济激励或控制命令型监管政策工具中，根据监管效果反馈不断优化信息内容的嵌入结构，找到最佳的联结组合模式；在监管对象关系转换方面，嵌入式监管政策工具是对购买购置环节中消费过程的嵌入，融入消费者的消费情境，并充分考虑消费者的差异化偏好，实行差别化干预的监管对象嵌入。监管者与监管对象之间不是以监管者为主导的关系，而是一种以监管对象为中心的互动关系（图3-2）。

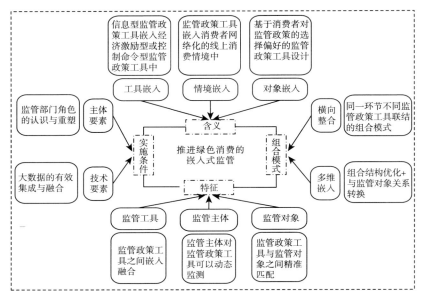

图 3-2 推进绿色消费的嵌入式监管的提出

来源：作者绘制。

第四节 推进绿色消费的嵌入式
监管的分析框架

学者们针对监管的分析通常包含两部分：一是监管政策工具的选择分析，二是监管政策工具的实施效果分析。在传统的监管政策科学研究中，一般性的监管政策工具的选择分析往往建立在监管政策结构性的基础上：有从"目标—工具"视角强调监管政策工具实现监管政策目标的效果与效率（郭跃等，2020）；有从"背景—工具"视角关注监管政策工具本身的属性特征及背景因素；有从"制度—工具"视角强调监管政策工具的选择不受工具本身效力的引导，而是受制度结构、风俗惯例、认知与行为方式等的影响；也有从"网络—工具"视角强调监管政策工具的选择是一个复杂的过程，强调关注监管目标、监管对象、监管机构和监管政策工具应用的网络协同性（表 3 - 6）。这些关于监管政策工具选择的研究分别就某一视角展开深入分析，有结果导向也有过程导向，为后续研究指引了方向，却缺乏从监管对象的视角研究其监管政策偏好对监管政策工具选择的影响。

表 3 - 6　监管政策工具选择的研究视角

研究途径	研究视角	关注焦点
传统工具途径	目标—工具	监管政策工具实现监管目标的效果与效率
背景分析途径	背景—工具	监管政策工具的属性、背景因素
制度分析途径	制度—工具	监管政策工具的制度结构和风俗惯例
政策网络途径	网络—工具	监管政策工具选择的复杂性，目标、资源、机构等因素的影响

来源：丁煌和杨代福（2009），陈振明和张敏（2017）。

就监管政策工具的实施效果分析，随着行为科学、心理学被引入到监管政策科学的研究中，学者们强调监管政策制定者与监管政策研究者应该进一步从监管对象的微观认知与行为角度来重新审视监管政策的有效性，并总结出两条提升监管政策有效性的路径：一条路径是"监管政策工具选择设计过程中关注监管对象的行为模式与特征"，也就是监管政策工具要对行为进行响应，如使用行为经济学所推崇的助推等监管政策工具；另一条路径是"监管政策工具使用执行过程中关注监管对象行为的转化"，也就是提高监管政策工具的说服水平，如使用心理学方法进行监管政策框架设计等。在这两条提升监管政策有效性的路径指引下，出现了两种基于心理学和行为科学的研究取向：一种取向是运用基于心理学的研究方法去探索微观个体的"内心世界"，如对监管政策的可接受度、满意度等，但却忽略了监管政策工具作为外部干预对微观个体"内心世界"带来的影响；另一种取向是运用基于行为经济学的研究方法将监管政策工具属性化，探讨监管政策工具作为外在刺激与干预对微观个体行为产生的影响，但却对干预机制研究不足或是将干预效应理解为静态的机制，忽视了监管政策工具发挥效果的机理过程和监管政策工具基于干预效应的动态的优化过程。

本书基于"工具—机制—效果"的分析框架对推进绿色消费的嵌入式监管展开分析。在此分析框架内，不仅包含监管政策工具的选择分析，还包含监管政策工具的作用机制分析、监管政策工具的实施效果分析，以及在"工具—机制—效果"的循环反馈过程中对监管政策工具进行优化分析。一方面，通过改变以往"割裂式"的分析方法，在一个分析框架内糅合三大研究问题，分别是如何选择监管政策工具、监管政策工具如何发挥作用、监管政策工具的效果如何，使推进绿色消费的嵌入式监管政策工具的分析能够既见"树木"又见"森林"，为数字经济时代绿色消费的监管提供一整套解决方案。另一方面，通过挖掘监管政策工具中的心理、行为要素，分析监管政策工具在塑造微观个体的观念与行为过程中的作用机制，糅合干预机制与行为机制，使干预机制不再是游离在行为机制外的情境元素。

一、嵌入式监管政策工具的选择：监管政策影响微观个体的监管设计过程

一般来说，监管政策工具的选择是在既有的监管目标下，对监管政策工具的属性进行"排列组合"，属于一维的监管政策工具选择框架。嵌入式监管政策工具的选择是基于二维的选择框架，既要捕捉到监管政策工具通过选择与组合不同属性的工具来影响监管对象的观念、态度与行为，还要回答监管对象获取监管政策内涵的政策偏好，即将监管政策工具属性与监管对象的政策偏好同时纳入监管政策工具的选择过程，进行二者的匹配，并在此基础上确定不同监管政策工具间的嵌入式组合应用策略，这是监管政策影响微观个体的监管设计过程。

嵌入式监管政策工具的选择分析解决三个问题：推进绿色消费的嵌入式监管政策工具的属性特征是什么？消费者对监管政策的选择偏好受什么因素影响？消费者如何在监管政策属性之间权衡？

工欲善其事，必先利其器，"器利"方能"事善"，而要达成

"器利"就必须对工具的内在纹理进行清晰解剖。因此，要达成推进绿色消费的监管目标，首先要对推进绿色消费的监管政策工具的概念和属性进行微观探析。从制度角度出发，监管政策工具是监管部门完成监管目标所采取的一系列具体行动的路径和机制；从属性角度出发，监管政策工具是政府监管的手段和途径，是监管目标与结果之间的桥梁（黄明东和陶夏，2018）。推进绿色消费的监管政策工具的属性具有"工具清单"性。在嵌入式监管政策工具的选择分析中要分析评估不同的属性特征对行为决策过程的重要性，考察微观个体对不同属性特征的偏好排序，分析对行为决策影响最大的属性特征。同时，梳理国内外现有文献，阐述分析影响消费者政策偏好的因素，在此基础上考察消费者在监管政策属性之间的权衡过程。

二、嵌入式监管政策工具的作用机制：监管政策影响微观个体的路径操作过程

在嵌入式监管政策工具的选择分析后，确定了监管政策工具的嵌入式组合策略，接下来分析嵌入式监管政策工具如何发挥作用。在机制分析中，深入剖析嵌入式监管政策工具引致的需求侧响应及其行为发生机制，关注外在干预对微观个体观念与行为产生影响的作用机制。这关乎嵌入式监管政策工具的实施过程，是监管政策影响微观个体的路径操作过程。

嵌入式监管政策工具的机制分析解决三个问题：单一监管政策工具的作用机制是什么？嵌入式监管政策工具的作用机制是什么？相比单一监管政策工具，嵌入式监管政策工具是如何进行作用机制优化的？

那么，嵌入式监管政策工具与单一监管政策工具的作用机制有何不同？首先，要分析单一监管政策工具的作用机制是什么，存在哪些局限；其次，在数字经济时代的监管、消费行为发生变革的背景下，识别出在嵌入式监管政策工具的干预路径中起作用的变量。随着数字经济的深入发展，监管政策工具的表现形式愈加多样化、监管政策内容的呈现也逐渐信息化，消费者对信息的处理水平不可避免地成为影响监管机制效果的因素之一。在信息爆炸的数字经济

时代，何种信息能使消费者进行"沉浸"式信息处理是引导消费者行为的前提要素。在此基础上提出作用机制模型。然而，对行为进行干预的作用机制会根据监管政策工具强制程度的不同而有所不同，特定监管政策工具激活的行为改变的机制类型也有所不同（Wicki等，2019），所以需要进一步分析嵌入式监管政策工具的不同类型的作用机制是否有差异。此外，作用机制可能会因作用人群的差异而有所不同，所以有必要将人口统计因素纳入模型进行研究。

三、嵌入式监管政策工具的实施效果：监管政策影响微观个体的行为转化过程

嵌入式监管政策工具最直接的目的是促进绿色消费行为的转化，即从非绿色消费行为向绿色消费行为转化。在实施效果分析中，要对行为转化的效果以及产生效果的作用机制进行检验。倘若嵌入式监管政策工具对绿色消费行为转化的作用效果不理想，要考虑如何进一步对监管政策工具进行改善；倘若嵌入式监管政策工具对行为转化的作用达到理想效果，要考虑如何进一步对监管政策工具进行优化，这是监管政策影响微观个体的行为转化过程。

嵌入式监管政策工具的实施效果分析解决三个问题：嵌入式监管政策工具对微观个体绿色消费行为转化的影响效果如何？嵌入式监管政策工具是否通过预想的作用机制发挥作用？如何进行嵌入式监管政策工具的效果改善或优化？

嵌入式监管政策工具的实施效果是相对单一监管政策工具而言的，将嵌入式监管政策工具与单一监管政策工具的实施效果进行比较，验证是否促成了行为的转化（从非绿色消费行为转变为绿色消费行为）。但是，值得注意的是：外在的监管政策工具对行为的干预有一个"心理量"的积累过程，只有达到微观个体一定的门槛值，消费者的意识才会转化为行动（王建明，2013），所以也要考察嵌入式监管政策工具对微观个体心理施加影响的过程，并分析信息的嵌入在其中发挥了怎样的作用。同时，嵌入式监管政策工具对行为的转化作用应该是具有可持续性的，而不是一次性的即兴行

为。只有真正激发了微观个体的内在（绿色消费）动机，使微观个体认为其所做出的绿色消费决策源于内在动机的驱使，而不是外在的干预，在这种情况下采取的行为才更具有可持续性。对于嵌入式监管政策工具而言，由于其本身是两种监管政策工具的嵌入式组合，所以不仅要检验其监管效果是否达成，还要分析两种监管政策工具之间的相互作用效果，即实施效率如何。嵌入式监管政策工具之间的嵌入融合应该是不仅没有反作用，而且具有促进作用，以提升实施效率。进一步应考察嵌入式监管政策工具内不同类型的嵌入策略的作用机制以及应用情境，并基于嵌入式监管政策工具的实施效果分析和作用机制检验结果，有针对性地对嵌入式监管政策工具进行优化。

四、"工具—机制—效果"：监管政策营造行为生态体系的循环过程

嵌入式监管政策工具的选择仍是影响微观个体的静态过程，尽管可以呈现监管政策工具的属性特征和微观个体对监管政策属性的偏好，但是仅停留在静态的监管政策工具选择分析上，无法准确识别出属性特征与政策偏好匹配后的监管政策工具影响微观态度和行为的因果机制，缺乏监管政策制定者与监管政策执行者如何将监管政策工具传递给监管对象的动态过程。嵌入式监管政策工具的选择分析从只关注监管政策工具带来的静态效果到剖析嵌入式监管政策工具发生作用的动态过程，可以进一步加深对嵌入式监管政策工具选择的理解。在选择分析中是以工具属性、监管对象的静态视角，在机制分析中是以工具执行的动态视角，来审视数字经济时代为什么采用嵌入式监管政策工具来推进绿色消费。

嵌入式监管政策工具将监管过程嵌入消费决策过程，监管对象的消费决策过程也是在参与监管过程，消费决策是对监管效果的反馈，而这种反馈又拓宽了监管对象参与监管过程所带来的行为效应，即监管干预使监管对象的行为发生改变，同时监管对象参与监管过程也会影响监管政策工具的选择，并对监管政策工具进行动态优化。"工具—机制—效果"的分析框架（图3-3）营造了行为生

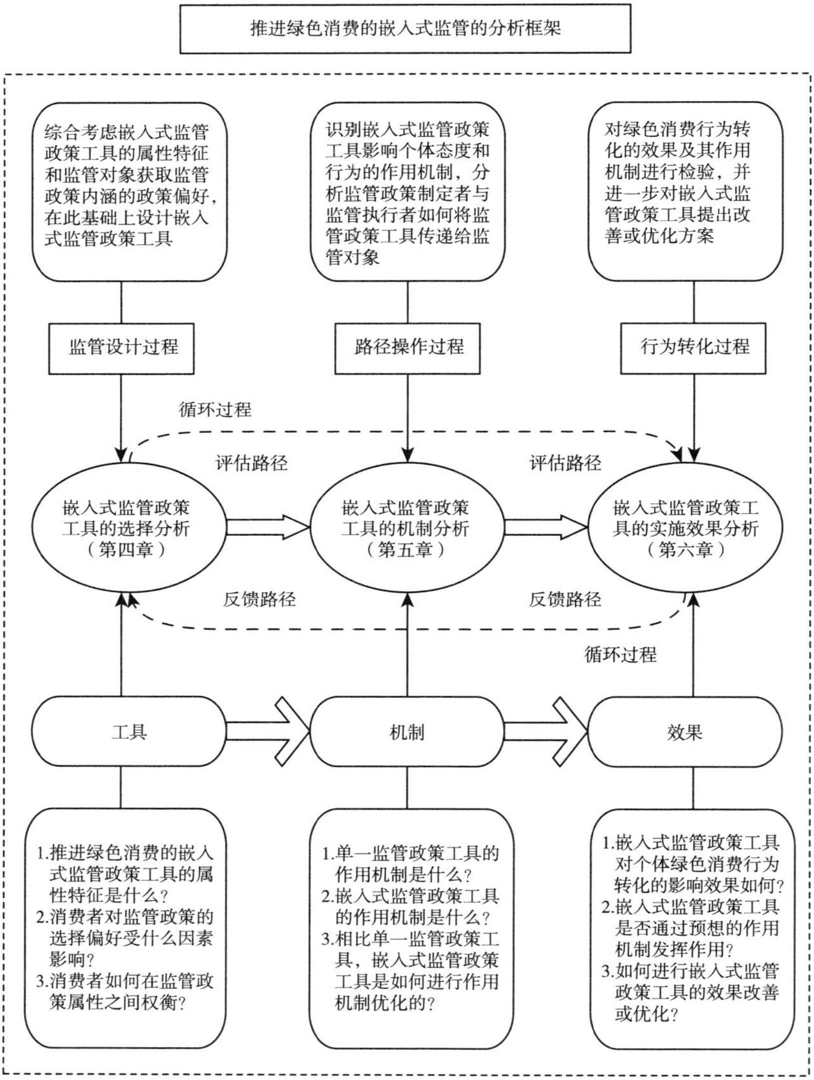

推进绿色消费的嵌入式监管的分析框架

综合考虑嵌入式监管政策工具的属性特征和监管对象获取监管政策内涵的政策偏好，在此基础上设计嵌入式监管政策工具

识别嵌入式监管政策工具影响个体态度和行为的作用机制，分析监管政策制定者与监管执行者如何将监管政策工具传递给监管对象

对绿色消费行为转化的效果及其作用机制进行检验，并进一步对嵌入式监管政策工具提出改善或优化方案

监管设计过程

路径操作过程

行为转化过程

循环过程

评估路径

评估路径

嵌入式监管政策工具的选择分析（第四章）

嵌入式监管政策工具的机制分析（第五章）

嵌入式监管政策工具的实施效果分析（第六章）

反馈路径

反馈路径

循环过程

工具

机制

效果

1.推进绿色消费的嵌入式监管政策工具的属性特征是什么？
2.消费者对监管政策的选择偏好受什么因素影响？
3.消费者如何在监管政策属性之间权衡？

1.单一监管政策工具的作用机制是什么？
2.嵌入式监管政策工具的作用机制是什么？
3.相比单一监管政策工具，嵌入式监管政策工具是如何进行作用机制优化的？

1.嵌入式监管政策工具对个体绿色消费行为转化的影响效果如何？
2.嵌入式监管政策工具是否通过预想的作用机制发挥作用？
3.如何进行嵌入式监管政策工具的效果改善或优化？

图 3-3　推进绿色消费的嵌入式监管的分析框架
来源：作者绘制。

态体系的循环过程，贯穿监管目标制定、监管实施、监管效果呈现的监管全过程，是对监管政策工具的选择与监管政策工具的作用机制、实施效果的综合检验。

总之，要捕捉监管政策工具对微观个体观念与行为的影响，不仅要关注不同监管政策工具改变微观个体行为与观念的属性差异，还需要以监管对象的视角考察监管对象对监管政策工具的诠释与偏好，并在此基础上挖掘监管政策工具实施过程中的行为干预机制对微观个体行为的动态影响过程，静态的监管政策工具选择与动态的监管政策工具机制分析均在实施效果的分析中得以体现和验证，最终形成行为生态体系的循环过程。同时，在嵌入式监管的"工具—机制—效果"分析框架中，通过传统单一监管政策工具与嵌入式监管政策工具的对比分析，还可以进一步探究监管政策工具对微观个体观念与行为影响的政策变迁意义（传统时代到数字经济时代），为嵌入式监管政策工具预留进一步完善和发展的空间。

第五节　本章小结

本章首先回顾了推进绿色消费的监管实践，然后分析阐述了数字经济时代推进绿色消费的监管变革，在此基础上对数字经济时代的嵌入式监管进行分析。从含义、特征、实施条件、成本收益等方面阐述推进绿色消费的嵌入式监管，进一步构建了推进绿色消费的嵌入式监管的"工具—机制—效果"分析框架，并对这一分析框架进行了详尽的阐述。

1. 数字经济时代推进绿色消费的嵌入式监管的定义。 嵌入式监管首先是监管政策工具组合，其次强调组合方式是嵌入式组合，信息型监管政策工具以信息提示形式嵌入传统监管政策工具中，形成监管政策工具组合，并以精准化形式对消费者线上消费过程进行干预，影响消费决策，进而改变消费行为，而消费者在干预下做出的消费决策反过来可以优化监管决策及监管政策工具设计。

2. 嵌入式监管政策工具的组合模式与特征。 嵌入式监管首先是监管政策工具的组合，所以要探究其组合模式，即嵌入式监管政策工具是横向整合、多维嵌入的组合模式。其组合模式呈现以下特征：监管政策工具与监管对象之间可以精准匹配；监管政策工具之间可以嵌入融合；监管主体对监管政策工具可以动态监测。当然，嵌入式监管政策工具的应用离不开数字经济时代数字思维和数字技术的支撑。

3. 嵌入式监管政策工具的实施条件。一是主体要素（数字思维）：监管部门角色的认识与重塑。二是技术要素（数字技术）：大数据的有效集成与融合。

4. 嵌入式监管的成本与收益的计算方法。以消费者绿色产品支出增加的数量和生产者因绿色产品增加收益的数量的加总数来计算监管的收益，以政府监管的制定与实施成本等的加总数来计算监管成本。

5. 推进绿色消费的嵌入式监管政策工具遵循"工具—机制—效果"分析框架。在此分析框架内，不仅包含监管政策工具的选择分析，还囊括监管政策工具的作用机制分析、监管政策工具的实施效果分析，以及在"工具—机制—效果"框架内的循环反馈过程。第一，嵌入式监管政策工具的选择分析。嵌入式监管政策工具的选择是基于二维的分析框架，将监管政策工具属性与监管对象的微观偏好同时纳入监管政策工具的选择过程，进行二者的匹配，并在此基础上确定不同监管政策工具间的嵌入式组合应用策略。第二，嵌入式监管政策工具的作用机制分析。在机制分析中深入剖析嵌入式监管政策工具引致的需求侧响应及其行为发生机制，关注外在干预对微观个体的观念与行为产生作用的动态过程，总结嵌入式监管政策工具因何影响微观个体的绿色消费行为。第三，监管政策工具的实施效果分析。在实施效果分析中对行为转化的效果以及产生效果的作用机制进行检验，以及如何进一步对嵌入式监管政策工具进行改进或者优化。

6. "工具—机制—效果"的分析框架营造了行为生态体系的循环过程。综合来看，嵌入式监管政策工具将监管过程嵌入消费决策过程，监管对象的消费决策过程也是在参与监管过程，消费决策是对监管效果的反馈，而这种反馈又拓宽了监管对象参与监管过程所带来的行为效应，即监管干预使监管对象的行为发生改变，同时监管对象参与监管过程也会影响监管政策工具的选择，并对监管政策工具进行动态优化。

■第四章 数字经济时代推进绿色消费的嵌入式监管政策工具的选择

本章在总结提炼嵌入式监管政策工具属性特征的基础上，分析消费者对嵌入式监管政策工具属性的选择偏好及其异质性，通过模拟监管政策工具组合情境，考察消费者对监管政策工具组合的偏好，探析监管政策工具的不同属性特征在监管政策工具组合中的作用以及对消费者监管政策工具偏好的影响，这些分析过程均成为嵌入式监管政策工具的选择依据。具体的实证过程是：以线上消费情境为依托，设计离散选择实验（Discrete Choice Experiment，DCE）作为消费者监管政策工具偏好的识别策略，收集消费者选择数据，利用混合 Logit 模型（Mixed Logit Model，MLM）进行估计，对离散选择实验收集的陈述性偏好数据进行模型构建与估计，并刻画消费者在不同监管政策工具属性水平间的权衡过程，再借助潜在类别模型（Latent Class Model，LCM）捕捉不同监管政策工具偏好下的消费者特征，将消费者偏好划分为若干类别，并分析其特征差异，最后在此基础上对不同监管政策工具组合的消费者平均选择概率进行模拟分析，考察某个监管政策工具属性及属性水平的变化所导致的个体平均选择概率的变化。

第一节 嵌入式监管政策工具选择的模型构建与实验设计

一、模型构建

基于随机效用理论（McFadden，1974），受访者在选择集中相继做出使效用最大化的选择。假设有包含 I 个受访者的样本集和包含 J 个选项的 T 个选择集，受访者个体 i 选择选项 j 的效用 U_{ijt} 可以表达为：

$$U_{ijt} = X'_{ijt}\beta_i + \varepsilon_{ijt} \quad j = 1,2,\cdots,J; i = 1,2,\cdots,n; t = 1,2,\cdots,T \tag{4.1}$$

其中，X'_{ijt} 是解释向量，包含选项属性；ε_{ijt} 是随机误差项。在混合 Logit 模型中，参数 β_i 可以分解为两部分：

$$\beta_i = b + \omega_i \quad i = 1,2,\cdots,n \tag{4.2}$$

其中，b 是参数均值（Mean Of Parameter）；ω_i 是一个随机项，表示与均值 b 未被观测到的偏差。所以效用函数又可以写成：

$$U_{ijt} = X'_{ijt}b + X'_{ijt}\omega_i + \varepsilon_{ijt} \tag{4.3}$$

受访者个体 i 选择选项 j 的概率为：

$$L_i = \prod_{t=1}^{T} \frac{\exp(X'_{ijt}\beta_i)}{\sum_{j=1}^{J} \exp(X'_{ijt}\beta_i)} \tag{4.4}$$

混合 Logit 模型刻画的是个体层面的偏好异质性，而潜在分类模型可以捕捉群体层面的偏好异质性。在潜在分类模型中，基于个人特征等信息，每一个体以一定的概率被分配到特定的类别内，每一类别具有相似偏好，偏好随类别不同而存在异质性差异；人口统计信息、个人特征信息等通过类别成员函数间接影响偏好选择，而不是直接通过效用函数。属于类别 S 的个体 i 选择选项 j 的概率为：

$$Pr_{ij|s} = \frac{\exp(X'_{ijt}\beta_s)}{\sum_{j=1}^{J} \exp(X'_{ijt}\beta_s)} \quad s = 1,2,\cdots,S \tag{4.5}$$

类别成员函数以一定的概率 Pr_{is} 将个体归类到 S 个类别中的某一类别，构造类别成员函数如下：

$$H_{is} = Z'_i\delta_s + \tau_{is} \tag{4.6}$$

其中，Z'_i 表示一系列可观测的影响类别成员划分的个体特征信息，δ_s 表示类别成员参数。那么个体 i 属于类别 S 的概率为：

$$Pr_{is} = \frac{\exp(Z'_i\delta_s)}{\sum_{s=1}^{S} \exp(Z'_i\delta_s)} \quad s = 1,2,\cdots,S; \delta_s = 0 \tag{4.7}$$

S 类别成员参数必须标准化为 0，即 $\delta_s = 0$ 才能识别其他类别成员参数。属于类别 S 的受访者个体 i 选择选项 j 的联合概率为：

$$Pr_{it|s} = Pr_{ij|s} \times Pr_{is} = \frac{\exp(X'_{ijt}\beta_s)}{\sum_{j=1}^{J} \exp(X'_{ijt}\beta_s)} \times \frac{\exp(Z'_i\delta_s)}{\sum_{s=1}^{S} \exp(Z'_i\delta_s)}$$

$$(4.8)$$

二、实验设计与实施

离散选择实验是基于 Lancaster（1966）消费者效用理论的调研式的实验方法（Survey-based Experiment），属于陈述性偏好技术（Stated Preference Technology）的一种。Lancaster（1966）认为产品、服务或某种状态可以由一系列的属性和特征构成，被调研者在由属性特征来描述的选择集中相继地做出选择，被调研者选择的过程就是对各个属性特征进行权衡的过程，被调研者的选择揭示了其潜在的效用函数。与联合分析（Conjoint Analysis，CA）应用确定的效用函数来揭示被调研者的偏好不同的是，离散选择实验是基于随机效用理论、应用随机效用函数来揭示被调研者的偏好，通过引入随机项来捕捉未被识别的潜在的影响被调研者选择的因素，是测量非市场化产品偏好的有效工具，已广泛应用在卫生经济、环境经济政策研究领域。离散选择实验的实施过程包含三个步骤：①属性选取和属性水平的设定；②实验设计和问卷生成；③数据收集（Hoyos，2010）。

本书采用 SAS 9.3 软件来进行离散选择实验设计，SAS 实验设计结果见表 4-1。实验设计在于生成选择集，包含属性与属性水平的组合生成选项，本书使用未标记选项（Unlabeled Alternatives），仅以政策 1、政策 2、政策 3 来表示，并在每个选择集中带有现状水平选项或退出选项（Opt-out Option），将每个政策属性的"第（1）水平"设置为现状水平（表 4-5）。允许被调研者在不选择任何政策选项的情况下保持原有水平，因为相比不带有现状水平选项的实验设计，带有现状水平选项可以降低高估属性影响程度的风险（Louviere 和 Lancsar，2009；Veldwijk

等，2014）。

表 4 - 1　SAS 实验设计结果

变量	数值
Design	93
Choice set	9
Alternatives	3
Parameters	8
Maximum Parameters	18
D-Efficiency	1.255
D-Error	0.797

根据研究中属性和属性水平的设定，利用 SAS 9.3 实验设计的宏程序，依据 D-optimal 设计原则，得到未标记选项的最佳实验设计（刘仲琦等，2018）。假定参数向量 β＝0 时，参数估计的方差最小化，则实验设计结果包含 9 个选择集、3 个非标签化选项（选择集示例见表 4 - 2）。被调研者只需回答含有 9 个问题的调研问卷，并在 3 个非标签化的选项之间进行选择。最终的问卷生成还包含以下 2 个步骤：

（1）预实验准备。走访相关研究者，听取专业人士对属性和水平设定的意见，并随机发放了 10 份问卷，检验被调研者能否理解初始设定的属性和属性水平，其对选项的理解是否有困难，然后将收集的信息用来修正属性和属性水平的设定。

（2）预实验。基于第一步完善后的问卷，随机发放 120 份问卷，回收有效问卷 97 份，删除了 23 份样本数据。这 23 份样本主要指对 9 个选择集的作答完全一致的无效问卷。在预实验中对收集的数据进行模型估计，用来优化实验设计。

正式调研借鉴 Qian 等（2019）的方法，通过招募研究助理的形式收集数据。研究采用分层抽样和随机抽样相结合的方式，招募的研究助理的家乡所在省份要覆盖我国七大地理区域，尽可能地做

表4-2　选择集示例

政府为推进绿色消费，计划实施以下三项监管政策之一，您更偏向 A、B、C 哪一项政策？
请认真比较这三项政策，它们在属性水平上略有不同，其他条件均相同，请做出您的选择。

属性描述	政策 A	政策 B	政策 C（现状）
消费控制	限制购买使用	禁止购买使用	指导性购买目录
绿色认证	部分绿色	完全绿色	不区分绿色程度
购置补贴	无补贴	补贴 20%	无补贴
信息提示	自我受益信息	无信息提示	无信息提示
您的选择是	A.□　　B.□		C.□

到每一地区下的省（市、区）均能有一位研究助理，而且所有助理家乡所在地市能够随机地分布我国的大中小城市，以及乡镇、农村。此次研究共发布了两轮招募通知：第一轮按照研究经验来招募，要求研究助理有主持或参与过校级课题及以上的经历，具有一定的社会调查经验，一旦成为研究助理并能按计划完成调查，此次研究会提供研究报酬；第二轮根据第一轮的招募情况，特别针对家乡所在区域来招募，再结合第一轮招募的研究助理的推荐，最后共招募了 25 位研究助理，其家乡所在地的分布见表 4-3。调研开始前分别就研究的主要内容、调研流程方法、注意事项等问题对研究助理进行了培训。

表4-3　问卷回收情况统计表

项目	华东地区	华南地区	华北地区	华中地区	东北地区	西南地区	西北地区	合计
调查省份	江苏、浙江、安徽、福建、江西、山东、上海	广东、广西	河北、山西、北京、天津	湖北、湖南、河南	辽宁、吉林、黑龙江	四川、云南、贵州	新疆、陕西、甘肃	25个省（市、区）

（续）

项目	华东地区	华南地区	华北地区	华中地区	东北地区	西南地区	西北地区	合计
问卷发放数量（份）	500	311	397	243	161	189	173	1 974
问卷回收数量（份）	420	245	307	191	112	144	123	1 542
问卷回收率（%）	84.00	78.78	77.33	78.60	69.57	76.19	71.10	78.12
无效问卷数量（份）	33	48	68	59	31	21	17	277
有效问卷回收数量（份）	387	197	239	132	81	123	106	1 265
有效问卷回收率（%）	92.14	80.41	77.85	69.11	72.32	85.42	86.18	82.04

由于调研时间涵盖我国高校的寒假假期，研究助理可以借助假期返乡之际向所在地发放问卷，并对被调研者的疑问进行现场解答。但是调研期间遭遇了新冠疫情，受新冠疫情影响，面对面调研受到限制，经研究后临时变更为通过线上线下相结合的方式发放问卷，致使由于缺乏面对面的指导，针对年龄较大、受教育程度偏低的群体的数据收集受到一定限制，这部分群体的问卷作答率较低、有效率较低，而中青年、受教育程度较高的群体的问卷作答率较高、回收情况较好。虽然研究样本相对来说较为集中，但是如果能够捕捉到这类集中样本的监管政策偏好信息、个人特质信息，也能够为基于这类样本的监管政策工具选择提供参照，具有现实意义。

正式调研时间从 2019 年 12 月至 2020 年 5 月，共发放问卷 1 974 份，回收 1 542 份，问卷回收率为 78.12%，其中剔除无效问卷 277 份，最终获得有效样本数据 1 265 份，样本回收有效率为 82.04%（表 4-3）。无效问卷主要指作答的相同选项过多，线下问卷缺项过多，线上问卷作答时间少于 1 分钟的问卷。表 4-4 呈现的是样本人口统计信息，样本的年龄段覆盖老中青三代，但更多集中在 25～34 岁的年龄段，占比 48%；79% 具有本科及以上学历，73% 已婚，66% 已婚且有子女，月收入在 5 000 元及以上的占比 66%，且有 55% 工作生活在大城市（超 500 万人口）。此外，表 4-4 还展示了样本个人特质信息的相关情况，如对样本的价值观的测量情况，并计算了每一种个体价值观统计数据的平均值，其中，利己价值观、利他价值观和利生态价值观的平均值分别为 3.14、6.08 和 5.89，平均值越高，相应的价值观体现越明显。

表 4-4　样本信息汇总

人口统计变量	描述	统计数据
性别	男	45%
	女	55%
年龄	15～24 岁	15%
	25～34 岁	48%
	35～44 岁	23%
	45～54 岁	11%
	55～65 岁	3%
受教育程度	高中及以下	7%
	高职或大专	14%
	本科	70%
	研究生及以上	9%
婚姻状况	未婚	27%
	已婚，尚无子女	7%
	已婚，有子女	66%

（续）

人口统计变量	描述	统计数据
月收入	5 000 元及以下	34%
	5 001～8 000 元	39%
	8 000 元及以上	27%
所在城市	大城市	55%
	中小城市	38%
	乡镇、农村	7%
个体价值观	利己价值观	3.14
	利他价值观	6.08
	利生态价值观	5.89

注：个体价值观统计数据取平均值。

第二节 嵌入式监管政策工具选择的属性特征分析

识别、选择属性和属性水平来刻画相关政策，是用于政策研究的离散选择实验的关键步骤（Valeri 等，2016）。推进绿色消费的嵌入式监管政策工具属性变量和属性变量水平的选取主要基于两方面：一是根据推进绿色消费的监管政策的维度划分；二是根据我国推进绿色消费的监管政策实践。

在推进绿色消费领域，主要有信息型和结构型两种监管政策工具，结构型监管政策工具又包含强制型和经济型，每种类型的监管政策工具都有自己的基本属性与适配情境。其中，信息型监管政策工具通过改变消费者的认知、动机、知识和规范来改变消费者行为，结构型监管政策工具通过改变决策制定的情境因素来影响行为，如改变基础设施、改变产品定价、制定法规措施等。基于对推进绿色消费领域的监管政策工具的梳理，并结合数字经济时代赋予监管的新特征，可以从监管政策工具的作用范围、作用强度两个维度来提炼嵌入式监管政策工具的属性特征。其中，作用范围是由外到内连续的过程，对外是减少或破除消费者绿色消费的外在障碍、增加绿色消费的便利，对内是对消费者自身赋能、改变消费者的消费动机、增强消费者的绿色消费意愿；作用强度主要是指对个体行为的管控程度，是从推式政策到拉式政策的连续过程，推式政策是对非绿色行为的限制与约束，拉式政策是对绿色行为的鼓励与倡导，从推式政策到拉式政策是推进绿色消费的监管政策工具的强制程度逐渐递减的连续过程。

监管政策属性的选取遵循这样的原则：既覆盖强制型、经济型和信息型三种监管政策类型，又聚焦旨在改变消费者消费动机的监管政策类型。原因是吸引消费个体的关注和获得他们的支持更有利于这一类监管政策发挥作用（Gardner 和 Stern，2002）。最终选取对非绿色消费行为的控制、绿色产品认证、对绿色消费的购置补贴、绿色信息提示作为监管政策属性变量，它们在推进绿色消费的监管政策的两维度分布见图 4-1。选取的属性变量既具有传统单一监管政策工具的属性特征，如对行为的激励与约束，也有在环境相关领域得到广泛研究，但还鲜有在绿色消费领域应用的监管政策工具属性，如信息提示，以响应数字经济时代监管政策工具逐渐信息化的转变。这 4 项监管政策工具属性变量在政府角色定位、应用机制、应用情境、适用范围等方面各有不同：①政府角色定位。政府通过对消费端非绿色消费行为的控制、对供给端的绿色产品认证和平衡两端的购置补贴政策行使"指挥者"的权力；而关于在消费过程中提供信息提示（如自我受益信息或环境价值信息），政府是以"参谋"的角色参与消费者的决策过程，为消费者的决策过程提供信息引导。②应用机制。对非绿色消费行为的控制、绿色产品认证和对绿色消费的购置补贴政策都是通过化解绿色消费行为的外在障碍来促进绿色消费，如对非绿色消费行为的控制政策打破消费者原有的消费习惯，绿色产品认证解决信息不对称问题、规范绿色产品市场，对绿色消费的购置补贴降低绿色消费的行为成本；而绿色信息提示政策是通过提供自我受益信息或环境价值信息等来增强消费者绿色消费的内在动机，从而促进绿色消费。③应用情境。绿色信息提示的应用条件与其他 3 项有所不同，信息提示更适宜在线上消费的情境下应用，通过嵌入消费者的消费页面、对消费者的消费过程进行信息干预进而影响消费者决策。其他 3 项更常见于传统的线下消费情境，但随着监管政策工具的应用逐渐信息化，传统的监管政策工具（如对非绿色消费行为的控制、绿色产品认证、对绿色消费的购置补贴）也可以采用信息呈现的形式加载在消费页面，对线上消费过程进行干预。④适用范围。绿色消费行为可以细化为购买购置、使用消费、处理废弃三个环节。绿色产品认证和对绿色消费的购置补贴多适用于购买购置环节，对非绿色消费行为的控制、绿色信息提示可以覆盖三个环节。

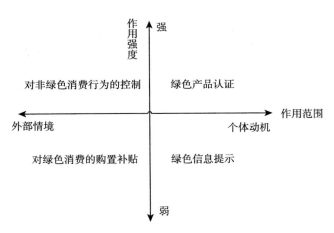

图 4-1　推进绿色消费的监管政策维度划分

诚然，促进绿色消费需要从生产与消费两端协同推进。本书主要聚焦针对消费端的监管政策，与消费者的消费行为紧密联系。关于促进绿色消费的强制型监管政策主要作用在生产端，触及消费端的强制型监管政策是对非绿色消费行为的限制或约束（王建明和王俊豪，2011），集中在对非绿色产品购买使用的控制上。在我国，触及消费端的强制型监管政策最早体现在 2007 年颁布的《国务院办公厅关于限制生产销售使用塑料购物袋的通知》（国办发〔2007〕72 号），明确在全国范围内禁止销售、使用厚度小于 0.025 毫米的塑料购物袋，对其他规格的塑料袋实行限制使用（商家不得免费提供塑料购物袋）。本书将对非绿色消费行为的控制设定为三个水平，分别是禁止使用非绿色产品、限制使用非绿色产品和提供非绿色产品参考的指导性购买目录。

绿色产品认证是将现有环保、节能、低碳、再生等产品整合为绿色产品，建立统一的绿色产品标准、认证和标识。绿色产品认证既可以看作是控制命令型政策，又可以作为信息引导型政策（Harmelink 等，2008）。在消费端，它更多是发挥信息引导型作用。2016 年国家出台《关于建立统一的绿色产品标准、认证、标识体系的意见》（国办发〔2016〕86 号），首次明确提出针对绿色产品的认证制度，并在《国家认监委关于发布绿色产品认证标识的公告》（2018 年第 13 号）中公布了绿色产品认证标识的基本标识和变形标识样式，基本标识应用于列入绿色产品认证目录并获得绿色认证的产品，变形标识应用于获得部分绿色属性认证的产品。消费者会对不同绿色程度的绿色产品做出不同的评价，绿色产品认证已成为影响消费者购买决策的重要因素（Gershoff 和 Frels，2015）。本书将绿色产品认证划分为完全绿色、部分绿色和无认证信息三个水平。

对绿色消费的经济激励是向购买、使用绿色产品的消费者提供购置补贴。为拉动绿色消费，我国阶段性地对购买高效节能家电、节能汽车等绿色产品的消费者发放购置补贴，补贴的方式有一次性定额补助或按商品销售价格依比例补贴，并设定最高限额。一般根据产品类别和能效等级确定的补贴比例在 10%～20%，定额补助按比例折算后也包含在这一补贴额度区间内，所以购置补贴的水平取区间的两端，设定为 10%、20%；另外，由于我国此类补贴政策大部分具有时效性，本书另外设置无补贴水平。

信息提示是对消费者决策过程进行信息干预，利用信息内容框架或内容呈现形式来影响消费者决策。针对消费者绿色消费行为的信息干预，主要聚焦在提示利他信息或者利己信息两种类型上。有学者研究表明，相比于仅提示个人利益信息，附有对社会或他人有益的信息更能有效促进绿色产品购买。也有学者指出，突出消费者个人的损益信息更有效（盛光华等，2019）。本书将信息提示水平设定为自我受益信息和环境受益信息，自我受益信息包含产品价格优惠信息、后期使用成本节约信息等关乎消费者自身利益的信息，环境受益信息包含资源节约量、碳排放量等对环境产生有益价值的信息；另外，还包含无任何信息提示水平（表4-5）。

表4-5 属性与属性水平

政策属性	属性水平	说明
对非绿色消费行为的控制	（1）指导性目录	提供非绿色产品指导性目录
	（2）限制购买使用	限制（有条件的、有要求的）购买使用非绿色产品
	（3）禁止购买使用	禁止购买使用非绿色产品（如非绿色包装）
绿色产品认证	（1）无认证	不区分绿色程度
	（2）部分绿色	绿色属性认证
	（3）完全绿色	绿色产品认证
购置补贴	（1）0%	无补贴
	（2）10%	补贴购置价格的10%
	（3）20%	补贴购置价格的20%
信息提示	（1）不提示任何信息	不提示任何信息
	（2）自我受益信息	关乎消费者自身利益的信息
	（3）环境受益信息	对环境产生有益价值的信息

第三节 嵌入式监管政策工具选择的微观偏好分析

一、单一监管政策工具情境下消费者的监管政策偏好

接下来对受访者的监管政策工具属性的选择偏好进行模型估计。有研究使用条件 Logit 模型，但条件 Logit 模型具有无关选项

的独立性假定（ⅡA）的局限（Hausman 和 McFadden，1984），且模型估计的结果概率仅取决于选项的属性而不取决于做选择者的个人特征，条件 Logit 模型将个体看作是集合体——"总体"在具有不同属性的选项之间做选择，即假定个体间偏好的同质性。混合 Logit 模型也被称为随机参数（Random Parameter）Logit 模型，能够捕捉到潜在的个体偏好的异质性。表 4-6 展示了条件 Logit 模型和混合 Logit 模型的估计结果。通过比较 Log-likelihood 和 Pseudo-R^2，分析混合 Logit 模型是否比条件 Logit 模型有更好的拟合度。从表 4-6 中看出，混合 Logit 模型的 Log-likelihood 值和 Pseudo-R^2 值分别为 -10 094.714 和 0.06，均高于条件 Logit 模型，可见更适合用混合 Logit 模型进行数据拟合。

表 4-6　条件 Logit 模型和混合 Logit 模型的估计结果

监管政策工具属性	条件 Logit 模型 Mean coefficients	混合 Logit 模型	
		Mean coefficients	Std. deviation
对非绿色消费行为的控制	-0.382*** (0.022)	-0.205*** (0.024)	0.566*** (0.029)
绿色产品认证	0.176*** (0.019)	0.503*** (0.022)	0.524*** (0.027)
购置补贴	0.322*** (0.019)	0.728*** (0.029)	0.797*** (0.030)
信息提示	-0.014 (0.018)	0.260*** (0.018)	0.320*** (0.027)
Log-likelihood	-10 664.966	-10 094.714	
Pseudo-R^2	0.05	0.06	
受访者数量	1 265		
观测值数量	34 155		

备注：括号内为标准误，*** 表示估计系数的统计显著性为 1% 水平。

混合 Logit 模型的估计结果表明：所有估计系数均具有 1% 水平的统计显著性，受访者首先表达了对购置补贴属性的强烈偏好，其次为绿色认证属性，再次为信息提示属性和对非绿色消费行为的控制属性。虽然信息提示属性会正向影响受访者效用，但是受访者对信息提示属性的偏好程度与购置补贴属性、绿色认证属性相比，相对较弱；对非绿色消费行为的控制属性会对受访者效用产生反向影响。同时，还可以看出，混合 Logit 模型估计系数的标准差的值普遍接近或高于估计的系数值，说明受访者对各监管政策工具属性的偏好存在异质性差异（Schwartz，1992）。

消费者对监管政策工具属性的选择偏好存在异质性差异，那什么因素会影响消费者的选择偏好？关于选择偏好的影响因素可以归结为两类：一是监管政策工具的属性会影响个体的选择偏好，二是个体价值观会影响个体的选择偏好。公众偏好非强制型的监管政策，普遍认为非强制型的监管政策是公平的和可接受的（Eriksson 等，2006；Joireman 等，2001；Rienstra 等，1999）。

个体的价值观被定义为个体行为的指导准则，它相对稳定，能够经受时间推移与环境变迁的考验（De Groot 和 Steg，2007），并且研究证实个体价值观与个体的政策偏好相关，影响个体对环境、经济等方面的社会问题的态度（Schwartz 等，2001；Hansla，2011）。从传统角度看，个体价值观是基于是否关注提升自我收益或超越自身利益去强调集体利益的划分方法（Schwartz，1992）。根据 Schwartz（1992）的价值结构，De Groot 和 Steg（2007）开发了一个三段式价值量表：除了利己主义和利他主义价值取向，还增加了利生态的价值取向，即保护环境、尊重自然的生态价值观。由于这三种价值观在个体的表现程度不同，所以不同的环境政策信息对不同个体的影响程度也不同（De Groot 和 Steg，2007；Verplanken 和 Holland，2002），即不同价值观的受访者对不同的监管政策信息的敏感性是不同的（De Groot 和 Steg，2007）。具有利生态价值观的个体表达强烈的对环境的关心，更偏好有关利生态、利环境的相关政策信息（Steg 等，2014）；具有利己价值观的个体更关注有关成本收益、个人健康等的相关政策信息（Schultz，2001）。提供与个体价值观相符的监管政策信息能获取个体更多的关注和重视（Von Borgstede 等，2014）。

综合利用 De Groot 和 Steg（2007）、王世进和周慧颖（2019）的三类价值观量表，对被调研者进行价值观的测量，以期捕捉到具有不同价值观的个体对监管政策信息关注点的差异。因此，实验调研还包含了个人特质信息、人口统计信息等题项，其中人口统计信息包含性别、年龄、受教育程度、婚姻状况、月收入和所在城市等信息（表4-4）。本书使用潜在类别模型（Latent Class Model）去分析消费者监管政策偏好的异质性，潜在类别模型可以估计出未被观测到的类别，即将选择的个体进行分组，每组有各自的参数和方差，可以同时评估来自个体特征、个体动机层面和选项属性的影响（Boxall 和 Adamowicz，2002）。

在潜在分类模型中，将受访者的异质性偏好按类别分类，类别的数量参考 AIC 值和 BIC 值，其中 AIC 值取逐渐递减的临界值，BIC 值取最小值（McFadden，1974），两值结果见表4-7。可以看出，虽然 AIC 值和 BIC 值都随着类别数目的增加呈递减趋势，但是两值的边际改善情况在类别数量3之后逐渐递减，所以最终选取类别数量3进行模型估计。

表4-7 类别数量选择依据

类别数量	AIC 值	BIC 值
1	20 721.106	20 767.39
2	20 260.562	20 332.56
3	19 882.948	19 980.66
4	19 676.594	19 800.02
5	19 602.990	19 752.13
6	19 577.805	19 752.66

备注：AIC 是 Akaike Information Criterion 的缩写；BIC 是 Bayesian Information Criterion 的缩写。

通过潜在类别模型估计（表4-8），可见类别一的受访者最看重的监管政策工具属性是绿色产品认证，并且越趋向完全绿色的认证，受访者的效用越高；其次看重的是购置补贴属性，排在最后的是信息提示属性；对非绿色消费行为的控制的监管政策工具属性对受访者的选择没有影响。类别二的受访者对 4 种监管政策工具属性均敏感，偏好对行为限制少的政策，越是呈现有关环境受益信息的提示、越是高购置补贴以及越趋向完全绿色的认证，受访者的效用越高。在类别三的受访者中，信息提示属性对受访者的选择没有影响，其他 3 项属性是影响受访者监管政策选择的主要决定因素，其中尤其看重购置补贴属性，其次分别是绿色产品认证和对非绿色消费行为的控制的监管政策工具属性，购置补贴越高、越是完全绿色认证的产品以及对行为限制越少的监管政策，受访者的效用越高。

从类别成员函数的估计中，可以概览三个类别的受访者特征（类别三作为参照组，标准化为 0）。有些因素并不能作为判定受访者三个类别划分的依据，如受教育程度，而月收入和年龄仅在类别二中呈现显著性。具体来看，与类别三的受访者相比，类别一的受访者具有更利他的价值观；类别二的受访者具有更利己的价值观，并且年龄偏小、月收入偏低；类别三的受访者相对具有更利生态的价值观，年龄相对偏大。

表 4 - 8　潜在类别模型估计结果

项目	潜在类别模型系数估计			WTP 估计		
	类别一	类别二	类别三	类别一	类别二	类别三
对非绿色消费	−0.028	−0.229 ***	−0.322 **	−2.382	1.109	0.075 **
行为的控制属性	(0.038)	(0.03)	(0.139)	(0.258)	(1.279)	(0.029)
绿色产品认证属性	0.879 ***	0.122 ***	0.486 ***	0.934 ***	2.687	0.636 ***
	(0.079)	(0.027)	(0.143)	(0.142)	(1.961)	(0.024)
购置补贴属性	0.695 ***	0.148 ***	3.034 ***	—	—	—
	(0.04)	(0.037)	(0.475)			
信息提示属性	0.391 ***	0.162 ***	−0.112	1.031 ***	3.486	0.235
	(0.033)	(0.128)	(0.234)	(0.14)	(2.493)	(0.028)
类别成员函数						
_con	0.526	4.725 ***				
	(0.407)	(0.373)				

（续）

项目	潜在类别模型系数估计			WTP 估计		
	类别一	类别二	类别三	类别一	类别二	类别三
受教育程度	−0.02	0.002				
	(0.079)	(0.086)				
月收入	−0.006	−0.194***				
	(0.055)	(0.055)				
年龄	−0.071	−0.179**				
	(0.089)	(0.087)				
利己价值观	−0.003	0.297***				
	(0.072)	(0.06)				
利他价值观	0.263***	−0.038				
	(0.055)	(0.058)				
利生态价值观	−0.139**	−0.535***				
	(0.06)	(0.058)				
类别占比	42%	44%	14%			
Log-likelihood	−10 065.419					
Pseudo R^2	0.07					
受访者数量	1 265					
观测值数量	34 155					

备注：括号内为标准误，**、***分别表示估计系数的统计显著性为5%和1%水平。

此外，WTP 估计可以得出个体为获得效用水平的增加所愿意付出的金钱数量。在本书中，因为购置补贴政策属性是受访者的收益而不是成本项，所以 WTP 在本书中表示受访者为了效用水平的提升愿意放弃的购置补贴金额，其中购置补贴采用产品价格百分比的形式。WTP 估计仅对显著性的监管政策工具属性是有效的，且 WTP 估计属于边际估计，所以可以在三个类别中进行横向比较。根据估计结果，可以发现类别一和类别三对绿色产品认证属性偏好程度的差异，类别一为获得更完全的绿色产品认证愿意放弃约9％的购置补贴，而类别三愿意放弃约6％的购置补贴，即具有利他价值观的类别一受访者对绿色产品认证的偏好程度显著高于具有利生态价值观的类别三受访者。

二、组合监管政策工具情境下消费者的监管政策偏好

Wicki等（2019）以控制命令型和激励型政策为主导政策，考察公众对有关绿色出行的两类主导政策的偏好，并且选取中国、德国和美国进一步考察政策作用的不同情境是否影响公众对监管政策的偏好程度，研究表明公众并非绝对地偏好非强制型监管政策，监管政策组合会影响公众对监管政策的偏好程度。前文分析了单一监管政策工具情境下消费者的监管政策偏好，那么在组合监管政策工具情境下消费者的监管政策偏好会怎样变化？在潜在类别模型估计的基础上，对不同的监管政策工具组合进行模拟，考察监管政策工具属性及其水平的变化会导致个体平均选择概率如何变化，试图通过变换不同的监管政策工具属性组合或某一属性水平来考察监管政策工具属性及其水平对受访者监管政策偏好程度的影响，并进一步分析何种监管政策工具组合可以得到更多受访者的偏好。12个场景模拟的结果如表4-9所示。

研究中将每三个场景设置为一组，见表4-9。场景1至场景3为第一组，监管政策工具属性分别为将对非绿色消费行为的限制、部分绿色认证、补贴10％和信息提示的3个不同水平进行的组合，发现无论何种监管政策工具属性的组合和水平变换，对非绿色消费行为的控制属性和绿色产品认证属性总是分别对选择概率产生消极和积极影响。在场景1，不提示任何信息的情况下，受访者对此监管政策工具组合的平均选择概率为30％；当其他属性水平不变，信息提示由无任何信息提示调整为提示自我受益信息时，选择概率提升至69％；当提供的是环境受益信息时，选择概率继续上升至91％。可见是否提示信息以及提示信息的类型会对受访者选择产生较大影响，越是提供信息提示并且越是有关环境受益信息的提示，

表 4-9 模拟结果汇总

政策属性	场景1	场景2	场景3	场景4	场景5	场景6	场景7	场景8	场景9	场景10	场景11	场景12
对非绿色消费行为的控制	限制购买使用	限制购买使用	限制购买使用	禁止购买使用	禁止购买使用	禁止购买使用						
绿色产品认证	部分绿色认证	部分绿色认证	部分绿色认证	部分绿色认证	部分绿色认证	部分绿色认证	部分绿色认证	部分绿色认证	部分绿色认证	完全绿色认证	完全绿色认证	完全绿色认证
购置补贴	补贴10%	补贴10%	补贴10%				补贴10%	补贴10%	补贴10%	补贴20%	补贴20%	补贴20%
信息提示	不提示任何信息	自我受益信息	环境受益信息	不提示任何信息	自我受益信息	环境受益信息	不提示任何信息	自我受益信息	环境受益信息	不提示任何信息	自我受益信息	环境受益信息
选择概率	30%	69%	91%	12%	51%	90%	31%	70%	92%	95%	98%	99%

越能增加消费者的选择概率，这种信息提示的正向影响作用在前文模型估计结果中也已得到证实。接下来，在对非绿色消费行为控制水平提升至禁止购买使用非绿色产品时，探究信息提示属性能否缓解由于对行为干预的强度加深而带来的消极影响，因此研究设置了第二组模拟（场景4至场景6）。保持绿色产品认证属性处于部分认证水平不变，可以发现，提示环境受益信息的情况下（场景6），即使达到最严格的行为控制水平，消费者的选择概率也能达到90%，与场景3基本持平；而在不提示任何信息的情况下，消费者的选择概率达到最低点，为12%（场景4）。受第二组模拟启发，在绿色产品认证属性保持原有水平不变的情况下，考察提供信息提示是否可以弥补由于补贴力度不大而损失的消费者选择。在场景7至场景9可以发现，从不提示任何信息到提示自我受益信息再到提示环境受益信息，消费者选择概率分别为31%、70%和92%，选择概率大幅提升。在场景10至场景12，在三种信息提示属性水平

下，将绿色产品认证和购置补贴均提升一个水平，分别至完全绿色认证和补贴20％，发现选择概率变化的趋势与场景 7 至场景 9 相同，但消费者选择概率能够达到95％～99％的水平。

通过上文监管政策工具的属性特征选择分析可知，在绿色消费领域，消费者普遍排斥强制型的监管政策工具，但是强制型的监管政策工具却有其他非强制型监管政策工具无法比拟的政策效果。为了降低随着强制程度逐渐加强而上升的监管成本，结合本部分研究结果，将强制型监管政策工具与其他类型监管政策工具组合运用，可以提升监管政策工具的支持水平，间接地降低监管成本。如受访者普遍不喜欢强制程度高的"禁止购买非绿色产品"这一监管政策工具属性水平，但是当它和部分绿色认证、环境受益信息这两项监管政策工具属性水平组合时，受访者的选择概率可以达到90％。同时，消费者普遍偏好非强制型监管政策工具，经济激励型监管政策工具最具吸引力。在监管实践中，购置补贴越高的监管政策更可能获得消费者的认可，带来相对较好的施策效果，而购置补贴越高，则越需要监管政策制定者付出巨大的实施成本和监管成本。监管政策制定者需要以最小的成本达到最佳的政策效果，而不容忽视的是监管政策成本与监管政策支持水平相关（Wicki 等，2019）。在场景 7 至场景 9，购置补贴为 10％水平，其他均保持不变，可以发现，随着信息提示水平由不提示任何信息到提示自我受益信息再到提示环境受益信息，受访者的选择概率分别为 31％、70％和 92％，逐渐接近购置补贴为 20％下的受访者的选择概率。

可见，一方面，不同的监管政策工具组合情境会改变个体对监管政策的平均选择概率，即监管政策工具组合可以改变既定监管政策的支持水平；另一方面，信息提示在监管政策工具组合中起到的作用有待进一步挖掘。信息的嵌入具有缓释行为控制监管政策负面影响、放大购置补贴监管政策正向影响的积极作用。分别以行为控制属性和购置补贴属性为主要监管政策、以信息提示属性作为辅助监管政策组建监管政策组合包，在场景 4 至场景 6 将对非绿色消费行为的控制属性调整到最高水平——"禁止购买非绿色产品",同时使绿色产品认证属性保持中等部分认证水平,可以发现,随着信息提示水平由不提示任何信息到提示自我受益信息再到提示环境受益信息,受访者的选择概率分别为 12%、51% 和 90%。类似地,在场景 7 至场景 9 以 10% 水平的购置补贴为主导监管政策的组合包下,从不提示任何信息到提示自我受益信息再到提示环境受益信息,受访者的选择概率分别为 31%、70% 和 92%,逐渐接近购置补贴为 20% 的监管政策组合情境(场景 10 至场景 12)。可见,提供信息提示可以缓释行为控制属性的负面影响以及放大购置补贴的正向影响,尤其是在"禁止购买非绿色产品+环境受益信息提示"和"购置补贴 10%+环境受益信息提示"的组合下,受访者的选择概率已经十分接近场景 10 至场景 12 需要付出高额监管政策成本的选择概率。

嵌入式监管政策工具首先是监管政策工具的组合,监管政策工具间的嵌入是嵌入式监管政策工具的特征之一。嵌入式监管政策工具的选择分析是基于消费者对监管政策选择偏好的分析展开的,而通过组合施策可以增强特定监管政策的支持水平,但值得注意的是,其中的关键环节是要确定不同监管政策工具在组合施策中所起的作用,找到相应监管政策工具的最佳辅助政策。从上文的分析结果可知,通过信息的嵌入缓释了行为控制监管政策的负面影响、放大了购置补贴监管政策的正向影响,而且通过向消费者提供每笔绿色购买的自我受益信息或环境受益信息,可以对购置补贴政策和行为控制政策起到积极的辅助作用。因此,嵌入式监管政策工具包含信息嵌入的经济激励型和信息嵌入的控制命令型监管政策工具两大类型,信息涵盖自我受益信息和环境受益信息两种。

第四节　本章小结

本章在推进绿色消费的嵌入式监管政策工具的分析框架的基础上,展开第一部分的实证研究——嵌入式监管政策工具的选择分析。选择分析从两个方面着手，分别是嵌入式监管政策工具选择的属性特征分析和工具属性的微观偏好分析，其中微观偏好分析包含单一监管政策工具情境下和组合监管政策工具情境下的消费者的监管政策偏好分析。

1. 嵌入式监管政策工具选择的属性特征分析。在属性特征分析部分，依据推进绿色消费的监管政策的两维度分布情况和我国推进绿色消费的监管政策实践，选取对非绿色消费行为的控制、绿色产品认证、购置补贴、信息提示作为监管政策工具的属性变量，这4项监管政策工具属性变量在政府角色定位、应用机制、应用情境、适用范围等方面各有不同。

2. 单一监管政策工具情境下消费者的监管政策偏好。消费者表达了对购置补贴属性的强烈偏好，其次为绿色产品认证属性，再次为信息提示属性，最后为对非绿色消费行为的控制属性。虽然信息提示属性会正向影响消费者效用，但是受访者对信息提示属性的偏好程度与购置补贴属性、绿色产品认证属性相比，相对较弱；对非绿色消费行为的控制属性会对受访者效用产生反向影响。此外，在此情境下，消费者的监管政策偏好存在异质性：具有更利他的价值观的消费者最看重的监管政策工具属性是绿色产品认证属性，并且越趋向完全绿色的认证，消费者的效用越高，其次看重的是购置补贴属性，排在最后的是信息提示属性，对非绿色消费行为的控制的监管政策工具属性对消费者的选择没有影响；具有更利己的价值观的消费者对4种监管政策工具属性均敏感，偏好对行为限制少的属性，越是呈现有关环境受益信息的提示、越是高购置补贴以及越趋向完全绿色的认证，消费者的效用越高；在具有更利生态的价值观的消费者中，信息提示属性对受访者的选择没有影响，其他3项属性是影响消费者政策选择的主要决定因素，其中尤其看重的是购置补贴属性，其次分别是绿色产品认证属性和对非绿色消费行为的控制属性，购置补贴越高、越是完全绿色认证的产品以及对行为限制越少的监管政策工具属性，消费者的效用越高。

3. 组合监管政策工具情境下消费者的监管政策偏好。不同的监管政策工具组合情境会改变个体对监管政策的平均选择概率，即监管政策工具组合可以改变既定监管政策的支持水平；是否提示信息以及提示信息的类型会对受访者选择产生较大影响，越是提供信息提示并且越是有关环境受益信息的提示，越能增加消费者的选择概率。信息提示属性能够缓解由于对行为干预的强度加深而带来的消极影响，并且放大经济激励的效果。对非绿色消费行为的控制属性调整到最高水平——"禁止购买非绿色产品"，同时使绿色产品认证属性保持中等部分认证水平，可以发现，随着信息提示水平由不提示任何信息到提示自我受益信息再到提示环境受益信息，受访者的选择概率分别为 12％、51％和 90％；类似地，在以购置补贴为主导的监管政策工具的组合包下，从不提示任何信息到提示自我受益信息再到提示环境受益信息，消费者选择概率分别为 31％、70％和 92％。

在以上研究结果的基础上，确定嵌入式监管政策工具的具体实现形式和类型。嵌入式监管政策工具包含信息嵌入的经济激励型和信息嵌入的控制命令型监管政策工具，信息涵盖自我受益信息和环境受益信息两种。

■ 第五章　数字经济时代推进绿色消费的嵌入式监管政策工具的作用机制

本章就嵌入式监管政策工具的作用机制展开详细的阐释与论述。首先分析单一监管政策工具的作用机制，包含信息型、结构型以及整合的监管政策工具的作用机制分析，并分析单一监管政策工具的局限，在此基础上结合数字经济时代对绿色消费与监管的变革性影响，阐述嵌入式监管政策工具的作用机制变量和机制模型。嵌入式监管政策工具的机制变量具有多重化、数字经济时代化特征，具体包含心理机制变量的身份认同、行为认同和政策认同，以及行为机制变量的金钱成本、信息搜寻成本等行为成本。有别于单一监管政策工具的机制模型，嵌入式监管政策工具通过"启动—决策"机制模型发挥作用，该模型具有阶段性特征，突显了信息的先导作用和心理加工过程对绿色消费行为转化的影响。

第一节　单一监管政策工具的作用机制分析

以环境关心的角度看（Bamberg，2003），人们从事绿色消费主要源于人们内在固有的亲环境动机，激励绿色消费的有效策略是告知人们目前所处于的环境困境（Owens，2000）；从经济学理性人假设的角度看，绿色消费主要源于经济动机，那么相应的对绿色消费的激励就是降低绿色产品价格、提升产品效率、对消费者进行补贴等（Matsukawa 等，2000）。这两方面导致在监管政策干预的制定上有所不同，一方面强调认知的提升、信息的提供和宣传去激发亲环境态度，另一方面强调经济激励等去制造亲环境行为的有利条件。这为绿色消费行为的监管政策干预方式定下了基调，要么增加外在便利，要么增强消费者内在动机（Griskevicius等，2010）。由此可知，推进绿色消费的监管政策工具通过两条路径来影响消费者行为：一是行为路径，为行为的发生与改变提供外在的便利；二是心理路径，通过提升消费者的认知、影响消费者的情感等内在心理因素作用于消费者行为。

在推进绿色消费领域，监管政策工具的干预主要是解决态度与行为不一致的问题，使消费者从具有绿色消费的态度转向真正落实到实际的绿色消费行动中。根据计划行为理论模型，绿色消费的"态度—行为"差距被划分为"态度—意愿"差距和"意愿—行为"差距两个阶段（陈凯和赵占波，2015）。"态度—意愿"差距主要受到主观规范、环境态度、感知行为有效性等因素的影响；"意愿—行为"差距主要受到行为便利程度、经济成本以及消费习惯等因素的影响（陈凯和赵占波，2015）。前者更多的是从心理路径上考量，而后者多聚焦在行为路径上。目前，针对单一监管政策工具的作用机制分析主要从以下三个角度展开。

一、信息型监管政策工具的作用机制

提供信息是推进绿色消费的常用监管政策工具。信息型监管政策工具包含多种类型，如宣传教育、信息反馈、信息提示以及信息框架等，但是信息无论以何种内容和形式呈现，无外乎是要提高消费者的环保意识和让消费者知晓其行为对环境的影响，通过影响消费者的行为态度，强化消费者的利他主义和利生态价值观，加强消费者的环保承诺。信息型监管政策工具主要是对个体的动机因素施加干预，旨在改变消费者的认知、动机、知识和规范等，进而影响消费者选择。信息型监管政策工具通过主观规范、环境知识、价值观、感知行为有效性、环境态度、情感等心理中介变量来影响绿色消费意愿和行为。

绿色消费行为心理过程可以划分为认知过程、情感过程和意志过程三部分。其中，认知过程是消费者在绿色产品信息搜集的过程中会受到环境知识、环境意识等因素的影响；情感过程是消费者在对绿色产品相关信息加工后产生积极或消极的情绪反应，会受到价值观、环境态度等因素的影响；意志过程是消费者对绿色购买行为的利弊进行权衡，会受到主观规范、感知行为控制、政策信任等因素的影响（陈凯等，2013；盛光华等，2019）。

（一）环境知识

环境知识包含两个层面的含义：一是消费者对于目前面临的环境问题的了解以及相关知识的储备情况，属于环境问题知识；二是消费者了解自身行为对环境和子孙后代带来的影响，属于环境行动知识。消费者具备的环境知识越多，越能清晰地认识到环境问题的严峻性和改变消费行为的迫切性，就会越倾向于环境友好型的绿色消费行为。监管部门在向公众提供环境的相关知识时，会有不同的表述形式：一方面可以从消极的方面表述，强调环境问题的严重性和公众非绿色行为对环境的消极影响；另一方面可以从积极的方面表述，强调环境问题的改善和公众绿色行为对环境改善做出的贡献。这两种不同的表述方式会促使消费者启动不同的信息加工模式，产生不同的情绪反应，反过来会影响消费者对于环境知识的接受度。

（二）价值观

从传统角度看，个体价值观是基于是否关注提升自我收益或超越自身利益强调集体利益的划分方法。在绿色消费领域，研究者除了使用利己主义和利他主义价值观的分类方法，还增加了利生态的价值取向，即保护环境、尊重自然的生态价值观。具有利他主义价值观或利生态价值观的消费者更倾向于进行绿色消费。推进绿色消费的监管政策工具通过培养、塑造和唤醒消费者的利他主义价值观或利生态价值观来促进绿色消费行为。此外，也有学者从中西价值观对比的角度来阐述中国情境下公众特有的价值观念对绿色消费行为的影响，比如集体主义价值观、"面子"文化等，这些都在监管部门的信息干预下影响消费者的认知、情感过程。

（三）主观规范

主观规范是个体如何看待自己行为的一种信念，是在外界干预刺激下所呈现的对刺激做出反应的心理过程。个体采取的某种行为时常会被他人的意见或行为所左右，个体感受到社会或群体压力而采取行动。在推进绿色消费领域，监管部门常使用带有比较信息的信息反馈，利用个体想要和群体保持一致的心态，使监管对象通过自我与他人的比较感受到行动压力，从而引导监管对象执行监管部门希望的行为。个体的主观规范意识越强烈，越容易受到周围人意见和行为的影响，个体越倾向于得到他人的认同，从而在自身行为上得以体现。

（四）感知行为有效性

绿色消费行为往往伴随着高认知成本和溢价支付，除了自利动机下的经济动机驱使，进行绿色消费行为在某种程度上也是一种道德行为，体现了消费者的利他主义、利生态意识，体现了消费者希望通过自己的行为让环境得以改善。基于此，推进绿色消费的监管政策工具通过使消费者产生对于自身采取的绿色消费行为能够起到环境保护效果的心理预期，来促进绿色消费行为的发生。例如，政府对新能源汽车进行经济激励，消费者如果认为购买新能源汽车确实能够促进碳减排、保护环境，那么消费者更容易形成积极的环境态度，表现出较强的购买意愿；而由于受到"专业环保"理念的影响[1]，有消费者认为"环保是件专业的事情"，所以对生活中绿色行为的环保效果持消极态度。针对政府所倡导的绿色消费、绿色生活方式，持消极态度的消费者认为通过自身的努力无法对环境现状产生影响，就不会采取绿色行为。

（五）政策信任

在行为研究中，信任是一个强大的行为驱动力。政策信任包含个体对监管部门的信任和对监管政策工具的信任。若个体信任监管

---

[1] 雷斯林：《外卖，毁不掉我们的下一代》，《为你写一个故事》，2018 年 12 月 6 日。

部门，个体会表现出更亲社会的行为，并在行为执行上投入更多的努力（Ellingsen 和 Johannesson，2007）。个体对监管政策工具的信任，很大程度上取决于监管政策工具所传达的对个体的信任程度。在对行为的监管中，控制命令被认为是对个体不信任的信号，行为个体因此降低了他们的绩效努力（Dickinson 和 Villeval，2008；Falk 和 Kosfeld，2006）。监管者选择禁止性措施来规范行为，规定了法律允许的行为，不允许行为个体自己决定哪种行为方式是最好的。在推进绿色消费的监管领域，监管政策工具的认同度和信任度有利于增强公民的合作意愿，从而带动行动积极性（Letki，2006），解决意愿到行为的"最后一公里"问题。单一监管政策工具触及的消费者信任包含两个层面的含义：一是对监管部门的信任使消费者感知到自己付诸行动的有效性；二是对监管政策工具的信任使消费者提升了行动的主观能动性。

一般来说，大众化的信息政策对促进绿色消费是有效的，但往往仅是提高知识和改变心理，停留在绿色消费的意愿层面，并不必然带来行为变革（王建明，2016），比如宣传活动几乎不会改变行为（Koessler 和 Engel，2019）。因此信息型监管政策工具主要解决态度到意愿的差距。

二、结构型监管政策工具的作用机制

结构型监管政策工具包含经济激励型、控制命令型等传统监管政策工具，通过正向或反向的形式为绿色消费行为提供便利。经济激励型监管政策工具使行为选择的成本和收益发生改变。控制命令型监管政策工具使对环境有害行为选择变得不可行甚至不可能，如车辆限号通行、限塑令等；或者是通过新建或提供更好的措施、出台环保相关方案等提升绿色产品的质量和服务，如提供垃圾分类回收箱、强制企业应用实时环保型技术等。结构型监管政策工具通过行为成本、消费习惯等行为变量来促进绿色消费行为的发生。行为变量也可能间接影响认知、动机等心理变量，如消费者对有机食品的态度可能在价格下降时变得更有利。

（一）行为成本

行为成本主要是指围绕产品产生的相关金钱花费。如果行为成本超出个体所能承受的范围，那么个体会放弃采取行动。此外，虽然价格在个体的承受范围内，但是如果要花费大量的时间和精力进行产品的比较、选择，那么也会阻碍行为的发生。花费时间、付出认知成本等影响行为便利程度的因素也属于行为成本。在推进绿色消费领域，结构型监管政策工具通过降低行为的实施成本来促进绿色消费行为。如前所述，即使消费者具有绿色消费意识，即具有内驱力，也未必会真正转化为实际的绿色消费行为。结构型监管政策工具化解外在环境的阻碍因素，起到外推力的作用来促进绿色消费行为的发生。

（二）消费习惯

公众的日常消费习惯会影响其购买决策。如果消费者习惯了某一品牌、品类的产品，会导致机械式的习惯性购买而忽略了本来的购买意愿。在绿色消费领域，消费习惯对绿色消费的"意愿—行为"差距影响作用十分显著，要打破原有的消费习惯，就需要监管部门通过干预手段改变消费者外在的消费环境，促进绿色消费习惯的形成（Moraes 等，2011）。通过重塑外在环境，监管部门可以引导个体在不启动意志力的情况下执行绿色消费决策。例如，政府通过建立绿色商场、绿色小区等来提升绿色消费行为的易达性、去除已有行为习惯的情境线索，进而塑造公众新的消费习惯。有学者研究表明，住在离绿色食品超市较近的人群，绿色食品的消费更多（Wood 和 Neal，2016）。

一般来说，虽然政策法规等控制命令型监管政策工具对个体行为起到约束作用，但是对个体责任感的影响较为微弱甚至不存在，有时也会使个体产生消极的抵触情绪。对于经济激励型监管政策工具而言，大部分学者都认同其对个体只存在短暂的行为效应，所能改变和影响的仅仅是个体行为，而非认知层面的因素（韩娜，2015）。

三、整合的监管政策工具的作用机制

整合的监管政策工具的作用机制将信息型和结构型监管政策工具同时放入模型，不区分到底是何种类型的干预手段，而是将政府的干预手段统一作为行为的干预因素，考察政府干预因素对绿色消费行为的作用机制（王建明，2013）。整合型监管政策工具通过影响个体实施成本、社会参照规范和环境意识来影响绿色消费行为。行为干预的作用路径也做了整合，将环境知识、价值观等变量整合为环境意识。环境意识是产生绿色消费行为动机和愿望的因素，是绿色消费行为的内驱因素，是行为发生的基础，但是具备环境意识并不必然导致行为的发生，换言之，环境意识是绿色消费行为的必要非充分条件。个体实施成本涵盖行为成本、消费习惯等因素，是绿色消费行为动机和意愿得以实现的启动因素；社会规范包含个体主观规范、感知行为有效性等因素，是绿色消费行为的强化因素。但是，值得注意的是，这种作用机制的分析模式并不是监管政策工具组合施策的作用机制，只是将作为外界干预的政府监管手段所能影响的机制路径做了整合，包含心理机制和行为机制，无法判断在政府监管手段是组合施策的情况下（例如信息型和经济激励型组合施策）究竟是通过何种路径来影响绿色消费行为的，是更依赖心理路径还是更依赖行为路径、两条路径对不同群体的影响大小是否不同、是否存在边界条件等问题并没有得到清晰的阐述，仍属于单一监管政策工具的作用机制研究。

归纳起来，单一监管政策工具要么通过心理路径、要么通过行为路径来影响消费者绿色消费决策，其中，信息型监管政策工具主要通过消费者的心理路径产生作用，结构型监管政策工具主要通过消费者的行为路径产生作用。对于组合的监管政策工具的机制研究还不深入，心理和行为两类机制因素是否同时发挥作用、抑或是否有新的机制产生还有待进一步研究。

第二节　嵌入式监管政策工具的
作用机制变量

一、单一监管政策工具的局限

上文提到，单一监管政策工具的使用存在一定局限。例如，信息型监管政策工具解决了绿色消费态度到绿色消费意愿的差距，但未必会带来行为的变革；结构型监管政策工具通过改变消费者外在的行为环境促使行为变革的发生，但是由于未涉及消费者的认知层面而导致行为的改变并不长久。除此之外，单一监管政策工具的使用还有一些隐性成本的存在，如控制命令型监管政策工具的使用可能会降低公众未来合作的可能性（Wunder 等，2018）。一方面，当监管对象普遍知道控制命令是可行的而监管部门不使用它们时，监管对象的合作意愿是最强的；另一方面，当监管对象认为一旦努力程度太低，惩罚机制就会自动生效时，对监管部门、监管政策的合作意愿就会降为最低（Fehr 和 Rockenbach，2003）。在推进绿色消费的监管领域，控制命令型监管政策工具包含指令性约束和禁令性约束（王建明，2011）。其中，指令性约束规定了消费者个体在消费过程中的生态环境责任，即可以做什么；禁令性约束规定了消费者个体在消费过程中"选择空间"的边界，即不可以做什么。这都需要作为监管对象的消费者个体的合作，如果对行为的约束性工具得到消费者的接受且消费者心甘情愿地遵守，那么监管效力必然得到提升，然而现实中对行为的约束往往得不到严格的贯彻落实，这是控制命令型监管政策工具不容忽视的隐性成本。

经济激励型监管政策工具侧重于"价格调整"，如利用税收工具、财政补贴来调整市场价格。这类价格激励政策改变了消费者关于成本和收益的权衡，但是仍存在一些问题。例如，2002 年爱尔兰政府开始征收塑料袋税，塑料袋消耗量在塑料袋税开征后减少了90％（Convery 等，2007）。在全世界范围内类似的征税也在推行，并取得了不同程度的成功。然而，这些监管政策实施一段时间后却产生了意想不到的效果：爱尔兰的塑料袋使用率在最初的急剧下降之后开始增加，环境保护人士呼吁将税收增加到每袋 0.44 欧元，不断提升的税收使主流零售商对征税提出质疑。研究者认为这项监管政策带来的最初的行为改变并没有导致消费者价值观的根本转变。另外，监管部门在推进绿色消费的监管实践中向消费者提供补贴以促进购买，强调消费者的自我收益，但是，有研究者认为，要警惕在环境中强调自利的局限性，监管部门需要有意识地把监管的概念扩展到对消费者认识、适应绿色消费问题（可持续性问题）的回应，这比单纯地强调货币成本和收益更重要（Slocum，2004；Thøgersen 和 Crompton，2009）。监管者需要制定更多的机制来促使消费者采取行动，使监管政策的推进更加深入和层次化，响应监管对象的多重化需求（Menegat，2002）。

单一监管政策工具的局限需要考虑监管政策工具的组合使用，目的是能够避免单一工具的局限，并能够以嵌入式的组合发挥监管政策工具合力。嵌入式监管政策工具监管效果的实现是基于对监管政策工具作用机制的优化，在下一小节展开具体分析。

二、嵌入式监管政策工具作用机制变量的特征

在推进绿色消费的监管过程中，结构型监管政策常以正式制度的形式存在，如法律法规、产品激励型政策，而信息型监管政策常以非正式制度的形式存在，如宣传教育、舆论引导等。正式制度和非正式制度是相互依存、不可分割的（王建明，2011）。一方面，结构型监管政策的有效性并不是绝对的，任何一种结构型监管政策都需要正式制度外的社会规范、文化背景、群体意识等元素的支持和配合，都必须和现有的文化背景、社会经济发展水平等相适配。另一方面，信息型监管政策通过改变消费者对特定行为的偏好、态度等个体想法来促使消费者主动崇尚绿色消费，是一种摩擦力更小、自发性更强、更持久的监管政策手段（王建明，2011）。Dolan 等（2012）认为最好的干预措施必然是在改变个体想法的同时改变外在环境的那些干预措施。

同时，应该注意到外部条件可以改变态度的形成过程，以及对外部条件的反应可能受到认知和社会心理过程的影响（Guagnano等，1995）。通过传播沟通可以使消费者更好地认识特定情境结构变革政策，了解特定监管政策的动因、目标、收益、成本、条件、保障、必要性、可行性、违规惩罚等信息。只有当公众对特定情境结构变革政策有了深刻的认识时，才可能支持它，而消费者的理解和支持是特定情境结构变革政策取得理想效果的前提（王建明，2013）。

如前所述，将信息型监管政策工具分别嵌入控制命令型和经济激励型监管政策工具中，那么其作用机制和单一监管政策工具有何区别？笔者认为区别主要表现在以下几个方面：①中介变量具有多重化特征。前文已经分析过单一监管政策工具的作用机制，且不同类型的监管政策工具的作用机制变量各有侧重，嵌入式监管政策工具的作用机制变量呈现多重化特征，兼具非经济因素（心理机制变量）与经济因素（行为机制变量）。②中介变量具有数字经济时代化特征。数字经济对绿色消费及其监管都产生了变革性的影响（前文已述），那么其中介变量必然含有数字经济影响的痕迹。

绿色消费不仅是一种经济行为，也是一种社会行为和心理行为（李献士，2016）。嵌入式监管政策工具综合了信息型和结构型两种干预手段，它通过非经济因素（心理机制变量）和经济因素（行为机制变量）来影响绿色消费行为，下面从非经济因素、经济因素两方面阐述嵌入式监管政策工具的作用机制。

（一）非经济因素（心理机制变量）

1. 嵌入式监管政策工具通过强化消费者的身份认同感促进绿色消费行为。非经济因素主要以人的"心理满足"为基础，它与追求物质利益的需要在很大程度上是分离且独立的（王琴，2001）。根据双重自我理论，消费者在决策过程中扮演两个角色（Bénabou和Tirole，2006）：第一，消费者作为决策者，选择最适合自己偏好的行动；第二，消费者扮演着法官的角色，这意味着消费者会对自己的行为进行解释，并将过去的行为作为诊断工具来确定自己是谁。身份认同是建立在一套关于个人偏好、道德规范和能力的信念之上的。数字经济时代是个体价值崛起的时代，绿色消费行为不只停留在产品属性特征的"绿色化"感知，还要与消费者追求的个体价值相契合，如个体的环境价值观念。这种追求与自我价值契合的绿色消费观念衍化为绿色消费的一种心理成本，从自问"这个产品我感觉如何"到承担"这个产品会让我成为哪种人"的身份认同偏差的风险。因此，绿色消费等亲环境行为的动机往往不仅是出于对环境的关注，也源于消费者希望成为一个有环保意识的人，在个人对自身"善"的假设得到确认时创造了额外的效用（Dal Bó 和 Terviö，2011）。嵌入式监管政策工具通过环境受益信息的嵌入激发消费者的亲环境动机，帮助消费者达成身份认同。

2. 嵌入式监管政策工具通过突显消费者的行为认同感促进绿色消费行为。行为认同是消费者对自己行为方式的信念。研究表明，当一个特定的行为是自由选择的行为时，消费者会将该行为解释为其真正的偏好和个人规范的表现（Frey 和 Meier，2004）。另外，如果外部干预促进或抑制了一种行为，消费者可能会将同样的行为归因于外在激励，而不再归因于内在个体绿色环保行为的愿望。在这种情况下，感知的控制点从个体转移到激励行为的外部因素，可能会"挤出"绿色环保行为的内在动机（Frey 和 Jegen，2001）。如果消费者将某些行为归因于报酬的激励，而不再归因于对环境负责的行为的内在愿望，那么一旦不再提供报酬作为交换，个体就可能拒绝执行目标行为。外部激励措施对个体亲环境动机是起到替代还是补充的作用，在很大程度上取决于激励措施的实施方式（Bowles 和 Hwang，2008）。嵌入式监管政策工具充分考虑数字经济时代消费者崇尚自由的行为方式的特点，通过将信息提示嵌入经济激励型监管政策，降低消费者行为外部归因的可能性，突出消费者行为认同在消费决策中的作用。信息提示的作用是唤醒消费者的内在动机、价值观，并且信息的内容与消费者的内在动机、价值观相符，使消费者的行为归因与自己的行为动机一致，此种情况下再加上经济激励型政策，可以进一步促成行为的转化。

3. 嵌入式监管政策工具通过提升消费者的政策认同感促进绿色消费行为。 随着数字经济时代大数据、人工智能等新兴技术的崛起，监管面临的信任问题更加微妙和复杂。表面上看，数字经济时代引发的信任问题是个体对新兴技术所蕴含的技术风险、数据风险等的担忧，但从深层意义上看，这种新的信任问题的实质是个体对技术背后的运行模式、运行机制的信任危机（孟筱筱，2020）。再加上公众自我意识的觉醒，在数字经济时代，对监管部门、监管政策工具的信任以政策认同的形式集中表现出来。在监管执行过程中建构并强化政策认同，有助于提升消费者的支持度和参与感，降低执行成本，提高政策执行的效率和效果（袁方成和李会会，2020）。与单一监管政策工具通过消费者信任提升消费者绿色行为倾向相比，政策认同还包含了消费者的认知、情感过程，政策认同本质上是由认知、情感、行为倾向三种要素有机结合构成的意念（袁方成和李会会，2020），它的生成过程更加复杂化，而一旦生成政策认同，其对行为导向的效果又较为稳固。消费者的信息掌握能力、信息处理能力是政策认同的先决条件，嵌入式监管政策工具一项重要的功能就是通过信息的嵌入帮助消费者甄别信息、处理信息。嵌入式监管政策工具通过差异化监管满足消费者不同的利益诉求，对消费者利益诉求的有效回应是情感介入的重要条件，进而有助于提升消费者政策认同感。此外，嵌入式监管政策工具对监管部门的角色设定和监管政策工具的选择使用进一步优化。首先是在监管部门的角色设定上，通过嵌入消费者的消费情境，监管部门以"参谋、顾问"的角色参与消费者的决策过程，而不是高高在上的"指挥者"，在印象层面上使消费者从对监管部门"冷酷"的发布者的原有认知转变为"热心"的服务者印象，提升行为合作意愿，促进行为转变；其次是在监管政策工具的使用层面上，通过加入信息提示引导个体对控制命令型监管政策工具的理解和认同，降低控制命令型监管政策工具释放不信任信号的作用，缓释此类工具的消极作用，提升消费者政策认同感。

（二）经济因素（行为机制变量）

1. 嵌入式监管政策工具通过降低消费者的金钱成本促进绿色消费行为。 绿色消费往往要求消费者在金钱方面做出更大的牺牲（如绿色产品可能比传统的替代品更昂贵），或在时间方面做出更大的付出（如乘坐公共交通工具比开自己的车更费时）（Borau 等，2020），如果超出消费者所能承受的范围，那么消费者会放弃采取行动。嵌入式监管政策工具仍然具有结构型监管政策工具的特点，通过降低行为的实施成本来促进绿色消费行为。如前所述，即使消费者具有绿色消费意识，即具有内驱力，也未必会真正转化为实际的绿色消费行为。结构型监管政策工具化解外在环境的阻碍因素，即起到外推力的作用，从而促进行为的发生。

2. 信息嵌入式监管政策工具通过提升消费者的信息搜寻效率促进绿色消费行为。 随着数字经济的到来，绿色消费的行为实施成本不仅表现在金钱、时间等维度上，还表现在新的行为元素——信息上。在数字经济时代，各大消费平台已经深入到了消费生活的方方面面，消费方式的网络化、平台化使消费逐渐由人际互动向人机互动转变，消费者获取信息的方式成为影响消费行为的因素之一，消费决策由产品本身决定转向由产品周边信息决定。消费者若要找到心仪的产品就需要花费精力进行信息搜寻，如果信息搜寻遇到困难，消费者极易陷入选择困境。信息嵌入式监管政策工具使监管政策通过嵌入消费者的消费页面与消费者进行"零接触"，使监管政策信息不再"束之高阁"，消费者可以第一时间知晓要购买的商品是否属于监管部门的绿色产品范畴以及是否可以享受政策优惠，使消费者不用再进行额外的政策信息搜寻，同时也能第一时间将"政策吸引力"释放给还在绿色产品与非绿色产品之间摇摆的消费者。此外，通过政策的信息化呈现，也可以引导消费者正确定义绿色，使消费者不被庞杂的信息干扰。

总结来看，嵌入式监管政策工具响应数字经济时代绿色消费的行为变革和监管变革，对推进绿色消费的监管政策工具进行了优化，导致其作用机制与单一监管政策工具有所不同。由激发消费者的环境意识和利用社会规范——这种最朴素的通过个体层面的知识灌输、意识唤醒以及群体层面的行为影响来促进绿色消费行为，转变为通过提升消费者的身份认同感、行为认同感等来发挥作用，充分体现数字经济时代消费者消费意识升级下的个体价值诉求。前者还在通过"撒网式"的说教告诉消费者"绿色消费是好行为，你应该这样做"，后者则是通过"定制式"的引导让消费者自己觉得"绿色消费是符合我自身定位的行为，我愿意这样做"。嵌入式监管政策工具注重对消费者政策认同的引导，从认知和情感层面提升消费者的认同度，促进绿色消费行为转化。此外，传统监管政策工具通过帮助消费者破除行为方面的障碍来促进绿色消费行为，如降低消费者的行为实施成本（包括金钱、精力、过往消费习惯的改变），但是值得注意的是，数字经济时代是注意力稀缺的时代，消费者被裹挟在"信息汪洋"中，消费者行为很大程度上取决于获取了何种信息以及信息搜寻的效率。一方面，嵌入式监管政策信息不可避免地要与其他信息竞争消费者的注意力；另一方面，嵌入式监管政策所呈现的信息要能够为消费者提供方向性信息、帮助消费者锁定信息范围，提升消费者信息搜寻效率。

第三节　嵌入式监管政策工具的作用机制模型

一、单一监管政策工具的作用机制模型

从理论上进一步分析态度和意愿的关系可以发现，当个体不具有绿色消费态度时，其绿色消费意愿为零；在对个体施加信息型干预后，随着个体绿色消费态度的逐渐强烈，其绿色消费意愿也在相应提升，"态度—意愿"间呈现出显著的相关关系［图 5 - 1（1）］。然而信息型的干预使消费者具有绿色消费意愿，却难以直接转化为行为。再进一步分析"意愿—行为"的关系可以发现，当个体的绿色消费意愿非常微弱时，其主动积极的绿色消费行为近乎为零，而绿色消费意愿要真正转化为绿色消费行为的发生，则需要达到一定

的意愿临界点。如图 5-1（2）所示，当绿色消费意愿低于临界点 C_0 时，个体不会产生绿色消费行为（此时个体只有绿色消费意愿，却没有绿色消费行为）；达到意愿的临界点后，随着意愿的增强，主动积极的绿色消费行为也会显著增强，说明信息的持续干预在超越临界门槛后也会发生显著的行为改变。即便绿色消费意愿非常微弱时，个体也能实行一定的绿色消费行为，当个体绿色消费意愿为零时，其实际的绿色消费行为并非为零，而是 B_0。斜线 CB_1 主要反映了结构型外部干预因素的影响，如行为激励约束政策等，当然斜线 CB_1 也有可能在斜线 CB_0 下方。

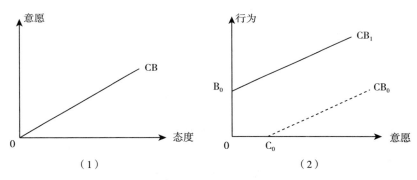

图 5-1　传统监管政策工具作用机制下态度和行为的关系

来源：王建明，2013。

斜线 CB_0 和 CB_1 反映了目前在推进绿色消费的监管研究领域的两种干预策略（信息型干预和结构型干预），这两种干预策略分别走了两种干预路线，将心理路径和行为路径进行了分离。信息型干预策略重点解决态度到意愿的距离，并通过持续性的信息干预，在意愿达到一定的临界点后促使意愿转化为行为，通过心理路径发挥作用；结构型干预策略在个体绿色消费意愿非常模糊、微弱的情况下，通过干预促进意愿到行为的转化，通过行为路径起作用。换言之，在信息型监管政策工具的干预下存在一个"意识门槛"，当干预达到这一门槛值时，才能促使意愿转化为行为，最终达成的行为保持得更为持久；而结构型监管政策工具跳过"态度—意愿"阶段，通过改变行为发生条件直接促成行为的转化，但是一旦条件发生变化则行为的保持并不会长久。

嵌入式监管政策工具首先是监管政策工具的组合，综合信息型和结构型监管政策工具的作用机制，发现其作用机制变量具有多重化特征：经济因素（行为路径）和非经济因素（心理路径）均发挥作用。直觉上讲，两种路径可能以这样的方式发挥作用：①嵌入式监管政策工具先通过行为路径再通过心理路径起作用，因为信息型策略的干预效果主要依赖于外部限制少的行为，所以结构型监管政策工具通过行为路径排除了行为发生的障碍，致使信息型监管政策工具才能通过心理路径发生作用进而使行为发生转变。②嵌入式监管政策工具先通过心理路径再通过行为路径起作用，因为消费者的认知、态度等心理过程会影响其对监管部门监管政策的解读，所以信息型监管政策工具先通过心理路径影响消费者对绿色消费的态度，致使结构型监管政策工具对行为路径的作用过程更加顺畅。这样的作用方式存在两大问题：一是如果结构型监管政策工具没有达到消费者的预期，行为路径没有发挥作用，会直接关闭心理路径；二是如果先通过心理路径起作用，是否存在一个开启心理路径或行为路径的"门槛值"。所以嵌入式监管政策工具的作用机制不是心理路径与行为路径的简单叠加。数字经济时代信息化的监管政策工具是否产生了额外的作用机制路径，需要一个新的机制模型来解释。

二、嵌入式监管政策工具作用机制模型的构建

以往很多研究都致力于描述和解释个体态度转变的过程（Briñol 和 Petty，2012；Maio 等，2019），而大部分研究结果都在ELM 理论模型（Elaboration Likelihood Model，精细加工可能性模型）下得以整合（Briñol 和 Petty，2012）。在 ELM 理论模型下，态度改变的过程是个体信息处理精细化水平的函数，ELM 理论模型认为个体的信息处理有两种路径，分别是中央路径和边缘路径。一方面，个体因自身动机、能力的不同对信息有不同程度的加工处理，

并形成不同持久性的态度和行为（唐杰，2010）。另一方面，如果干预变量能够促进个体对信息的精细加工水平，那么中央路径起作用；如果干预变量能够降低个体对信息的精细加工水平，那么边缘路径起作用（Teeny等，2020）。也就是说，对监管干预而言，既可以通过向具有不同动机和能力的个体匹配不同的信息，实现信息处理路径的自选择；又可以通过设计干预变量来干预个体的信息处理路径。值得注意的是，两种信息处理路径会导致两种不同的行为结果。相对于边缘路径，个体通过中央路径改变的态度对行为的预测力更强，更能促进态度和行为的转变（Petty和Cacioppo，1986）。

　　边缘路径更多依靠容易获得、接触的信息或情绪线索来决策，而不是依靠内容线索。对单一的控制命令或经济激励等结构型监管政策工具而言，个体更容易依赖边缘路径来进行信息处理。具体来说，在对行为的监管中，控制命令被认为是监管部门对监管对象不信任的信号，对个体行为进行限制容易让人产生抵触情绪；经济激励在一定程度上弱化了个体绿色消费的内在动机，突出了个体"逐利"的一面，且激励后的价格未必符合个体预期，导致个体沿着负面线索进入边缘路径的信息处理模式，不利于个体绿色消费态度及行为的转变。Petty和Cacioppo（1986）指出，通过加入与个体相关的信息或增强个体责任感的信息，可以引导个体进入中央路径的信息处理模式。从经济学理性人假设的角度看，绿色消费主要源于自利动机，关注绿色产品给自身带来的益处；以环境关心的角度看，绿色消费主要源于人们内在固有的亲环境动机、利他动机，关注绿色消费为他人、社会带来的福利。基于此，嵌入式监管政策工具通过引入自我受益信息和环境受益信息，旨在使个体的信息处理模式从边缘路径迁移至中央路径。通过中央路径进行信息处理，可以使个体减少对情绪等周边线索的依赖，使个体更依赖心理过程的加工，此时的决策占用较多心理资源（Mehdi，2018）。相比单一结构型监管政策工具，嵌入式监管政策工具使个体的信息处理路径由边缘路径向中央路径发生迁移，以增强态度和行为的转变效果。

　　总结来看，嵌入式监管政策工具的作用路径是呈阶段性的。嵌入式监管政策工具是嵌入消费者购物页面的信息化的监管政策呈现，消费者首先"读取"监管政策信息并投入心理资源，才能将监管政策信息"内化"，并最终落实到行为上。监管政策信息要赢得消费者的注意力，使消费者进入高信息处理水平是嵌入式监管政策工具能够干预消费者行为的前提，所以嵌入式监管政策工具在对消费者的行为进行干预前，首先会对消费者的信息处理水平进行干预，其干预具有阶段性特征。

嵌入式监管政策工具通过自我受益信息和环境受益信息的嵌入对个体的信息处理水平进行干预，使个体信息处理路径由边缘路径向中央路径迁移，在中央路径上个体会投入更多的心理资源，而不仅是停留在边缘路径上对行为成本等经济因素的直观判断，从而为嵌入式监管政策工具进一步对个体的心理过程实施干预创造条件，这是嵌入式监管政策工具对个体态度影响的路径启动机制；从态度到行为的转变还需要经过个体的心理加工过程，嵌入式监管政策工具通过非经济因素（心理机制变量）来影响个体心理决策，进而促进绿色消费行为的转化，这是嵌入式监管政策工具对个体行为影响的心理决策机制。这两阶段构成了嵌入式监管政策工具的"启动—决策"机制模型（图5-2）。

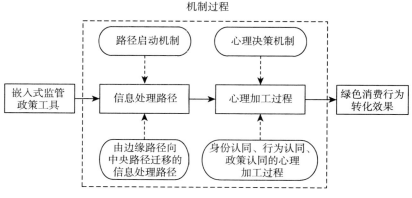

图5-2　嵌入式监管政策工具的作用机制模型
来源：作者绘制。

在嵌入式监管政策工具的"启动—决策"机制模型中，监管政策工具干预的是行为的全过程，即从态度到行为的全过程。该机制模型一方面使单一信息型监管政策工具在对"态度—行为"过程进行干预时存在的"意识门槛"问题变得明晰化、可操作，不是仅凭直觉"干预到一定程度"才能促使行为的发生，而是通过路径启动机制解决了"如何干预"才能达到"意识门槛"的问题；另一方面规避了单一结构型监管政策工具由于激励没有符合消费者预期、对行为的限制反而增加了行为成本等对行为发生可能存在的潜在负面影响，或者说没有产生积极的正向影响等问题，在消费者进入信息深加工模式——中央处理路径下，通过心理机制变量作用促成行为的转化。

第四节　本章小结

本章就嵌入式监管政策工具的作用机制进行分析阐述。首先回顾阐述单一监管政策工具的作用机制，并分析单一监管政策工具的作用机制存在的局限，在此基础上深入分析嵌入式监管政策工具的作用机制变量，最后对嵌入式监管政策工具的作用机制模型进行建构与分析阐述。

1. 单一监管政策工具及其作用机制存在的局限。单一监管政策工具的使用存在一定局限。例如，信息型监管政策工具解决了绿色消费态度到绿色消费意愿的差距，但未必会带来行为的变革；结构型监管政策工具通过改变消费者外在的行为环境促使行为变革的发生，但是由于未涉及消费者的认知层面而导致行为的改变并不长久。除此之外，单一监管政策工具的使用还有一些隐性成本的存在，如控制命令型监管政策工具的不当或过度使用会引发消费者的负面情绪，可能降低消费者的合作意愿；经济激励型监管政策工具对自利性的强调（单纯强调成本收益）可能会有损监管效果。进一步分析，单一监管政策工具的作用机制也存在一定局限，其作用机制的中介变量并没有涵盖数字经济时代对绿色消费行为产生变革性影响的元素，缺乏对数字经济时代绿色消费行为的洞察，没有捕捉到绿色消费行为的新特征、新变化，那么监管政策工具发挥的作用必然要打折扣。

2. 嵌入式监管政策工具的作用机制变量。单一监管政策工具的局限需要考虑监管政策工具的组合使用，能够以嵌入式的组合发挥监管政策工具合力。单一监管政策工具的作用机制局限需要进一步将作用机制进行优化，从经济因素、非经济因素两方面阐述嵌入式监管政策工具的作用机制变量。其中，经济因素包含通过提升信息搜寻效率促进绿色消费行为，通过降低消费者的金钱成本促进绿色消费行为；非经济因素包含通过强化消费者的身份认同感促进绿色消费行为，通过突显消费者的行为认同感促进绿色消费行为，通过提升消费者的政策认同感促进绿色消费行为。

3. 嵌入式监管政策工具的作用机制模型。数字经济时代信息化的监管政策呈现是否产生了额外的作用机制路径，需要一个新的机制模型来解释。本部分构建了嵌入式监管政策工具的"启动—决策"机制模型：嵌入式监管政策工具通过自我受益信息和环境受益信息的嵌入对个体的信息处理水平进行干预，使个体信息处理路径由边缘路径向中央路径迁移，在中央路径上个体会投入更多的心理资源，而不仅是停留在边缘路径上对行为成本等经济因素的直观判断，从而为嵌入式监管政策工具进一步对个体的心理过程实施干预创造条件，这是嵌入式监管政策工具对个体态度影响的路径启动机制；从态度到行为的转变还需要经过个体的心理加工过程，嵌入式监管政策工具通过心理机制变量来影响个体心理决策，进而促进绿色消费行为的转化，这是嵌入式监管政策工具对个体行为影响的心理决策机制。

■第六章 数字经济时代推进绿色消费的嵌入式监管政策工具的实施效果

本章采用基于在线绿色购买情景的政策模拟实验，尝试检验嵌入式监管政策工具对推进绿色消费行为的作用效果。通过将信息引导型监管政策工具以不同的信息内容嵌入消费者的消费页面，分别与经济激励型和控制命令型监管政策工具组合使用，检验不同信息嵌入的经济激励型和控制命令型监管政策工具对消费者绿色购买行为的影响，即经济激励型和控制命令型监管政策工具分别与信息型监管政策工具组合的作用效果，检验产生这一效果的机制过程。作用机制的检验分为两部分：首先考察信息嵌入的作用，信息的嵌入是否改变了消费者的信息处理路径，即由边缘路径向中央路径迁移；其次考察消费者在信息处理路径发生迁移情况下的心理加工过程。

第一节 嵌入式监管政策工具实施效果的模型构建与实验设计

一、模型构建

采用以下实证模型去估计嵌入式监管政策工具的实施效果。

$$Y_{ij} = \begin{cases} 1, & Y_{ij}^* > 0 \\ 0, & Y_{ij}^* \leqslant 0 \end{cases} \tag{6.1}$$

$$Y_{ij} = \beta_0 + \beta_1 X_j + \beta_2 D_j + \beta_3 Cate_{ij} + \varepsilon_{ij} \tag{6.2}$$

其中，Y_{ij}指消费者j针对产品i的选择，当消费者在监管政策干预下由非绿色产品购买转变为绿色产品购买时，$Y_{ij}=1$，否则

$Y_{ij}=0$。D_j 指不同类型的监管政策干预情景，X_j 是一系列人口统计信息的控制变量，如消费者的年龄、性别、受教育程度、婚姻状况、月收入等信息，$Cate_{ij}$ 指消费者 j 所选的产品 i 的产品类别，即对产品类别进行控制。

借鉴 Imai 等（2010）和 VanderWeele（2013）的因果中介分析方法验证嵌入式监管政策工具的作用机制。现有文献对中介效应的分析主要源于 Baron 和 Kenny（1986）建立参数模型、运用系数乘积法估计直接和间接效应的方法，但是此种方法对被解释变量是二元分类变量的非线性分布并不适用（Imai 等，2010）。而因果中介分析方法运用反事实思维方法，即使变量涉及二元的非线性变量，也可推导和估计出干预变量的直接和间接效应，其反事实思维框架更适用于在政策干预实验中探析干预变量的作用机制。

具体来说，令 $M_i(t)$ 代表个体 i 在干预 $T_i=t$ 情况下的所要研究的中介变量的值，令 $Y_i(t,m)$ 表示干预变量和中介变量的值分别等于 t 和 m 时的潜在结果。在一个标准的实验设计中，干预变量是随机的，仅能观测到一种潜在的结果，即 Y_i 等于 $Y_i[T_i, M_i(T_i)]$，其中，$M_i(T_i)$ 代表中介变量 M_i 可以观测到的值。

那么，在施加干预后的总效应可以写作：

$$\tau_i \equiv Y_i[1,M_i(1)] - Y_i[0,M_i(0)] \qquad (6.3)$$

而总效应可以分解为两部分，第一部分为因果中介效应：

$$\delta_i(t) \equiv Y_i[t,M_i(1)] - Y_i[t,M_i(0)] \qquad (6.4)$$

其中，$t=1$ 为施加干预的实验组，$t=0$ 为对照组。其余的因果机制，即直接效应可以表示为：

$$\varphi_i(t) \equiv Y_i[1,M_i(t)] - Y_i[0,M_i(t)] \qquad (6.5)$$

其中，$t=1$ 为施加干预的实验组，$t=0$ 为对照组。

将式 6.4 和式 6.5 加总就是总效应：

$$\tau_i = \delta_i(t) + \varphi_i(1-t) \qquad (6.6)$$

需要注意的是，平均因果中介效应（ACME）和平均直接效应（ADE）表示因果中介效应和直接效应的总体样本下的平均效应。

二、实验设计与实施

（一）实验产品选择

通过设计虚拟的在线绿色购买情景，邀请被试者进行绿色产品在线购买的政策模拟实验，并收集数据。实验选用了两种类型的实验标的物，分别是低价值办公用品（小件、价格较低）和高价值家电用品（大件、价格稍高）供被试者选择。供被试者选择的低价值办公用品包括打印纸、台灯两种类型，高价值家电用品包括电冰箱、洗衣机两种类型。两种产品类别下还分为低端品牌（A 品牌）和高端品牌（B 品牌），且每个品牌下有各自的绿色产品、非绿色产品（表 6-1），被试者在每个品类下任选其一进行购买。

表 6-1　实验产品详情列表

产品品类		绿色产品选项		非绿色产品选项	
低价值产品	打印纸	A 品牌环保	B 品牌环保	A 品牌非环保	B 品牌非环保
	台灯	A 品牌环保	B 品牌环保	A 品牌非环保	B 品牌非环保
高价值产品	电冰箱	A 品牌环保	B 品牌环保	A 品牌非环保	B 品牌非环保
	洗衣机	A 品牌环保	B 品牌环保	A 品牌非环保	B 品牌非环保

（二）实验设计

被试者首先在无任何干预的情况下，根据个人偏好在每一个产品品类下做出购买决策，作为被试者的初始选择（对照组），然后被试者被随机分配到 8 个不同的处理组进行第二次选择，即购买决策的再次确认，还有一组不再进行任何干预，初始选择后即退出购买页面。每一次处理对应 8 种不同的实验干预，分别为自我受益信息干预、环境受益信息干预、单一的经济激励干预、两种信息分别嵌入下的经济激励干预、单一控制命令干预以及两种信息分别嵌入下的控制命令干预（表 6-2）。在第二次确认选择过程中，允许被试者改变初始选择。

表 6 - 2   实验设计与实施

实验干预分组	监管政策工具类型	样本量
情景 1：环境受益信息组	单一信息型监管政策工具	129
情景 2：自我受益信息组		130
情景 3：环境受益信息嵌入经济激励组	信息嵌入经济激励型监管政策工具（即"信息＋经济激励"型监管政策工具）	129
情景 4：自我受益信息嵌入经济激励组		127
情景 5：单一经济激励组	单一经济激励型监管政策工具	141
情景 6：环境受益信息嵌入控制命令组	信息嵌入控制命令型监管政策工具（即"信息＋控制命令"型监管政策工具）	128
情景 7：自我受益信息嵌入控制命令组		133
情景 8：单一控制命令组	单一控制命令型监管政策工具	123

　　设计虚拟的在线绿色购买情景为直接衡量绿色消费行为提供了条件，在本书的研究中将个体由非绿色消费向绿色消费的转化行为作为监管的实施效果来衡量。在以往研究中，研究者普遍采用通过衡量绿色消费意愿的方法来测度监管政策工具的实施效果，这一测度方法存在两大问题：一是意愿并不等同于行为，导致实施效果的评估存在偏差，无法体现监管政策工具对行为的作用效果；二是意愿的衡量模糊了行为的层次性，绿色消费行为是有层次的、是由低阶逐步向高阶发展的，如非绿色消费行为到绿色消费行为（低阶）、浅绿色消费行为到深绿色消费行为（高阶）。本书在产品类别下还额外区分了高、低端品牌，尝试捕捉能够使消费行为由低阶绿色向高阶绿色转化的监管元素。

　　值得注意的是，在含有控制命令的情景 6 至情景 8 的干预中（表 6 - 2），本书在产品购买选项中增加了"放弃本次购买"选项，并将非绿色产品选项设置为灰色不可选状态，其目的是突出控制命令型监管政策工具对被试者进行行为限制的负面冲击力，考察通过信息的嵌入能否缓释强制型工具对消费者的负面影响，而通过分析被试者在退出选项和绿色产品选项之间的权衡过程，可以把握这一影响的作用机制。

在单一信息干预的处理下（实验情景展示详见附录1），被试者的购买页面相比初始选择页面增加了与此笔购买相关的环境受益信息，或增加了此笔购买带来的消费者自我受益信息。以打印纸为例，环境受益信息呈现为"使用1张环保可再生打印纸可以节能约1.8克标准煤，相应减少二氧化碳排放4.7克，请再次确认您的选择"；自我受益信息呈现为"纸张的白度过高、光线反射过强对阅读是不利的，环保可再生打印纸的白度较低，可以起到保护视力的作用，请再次确认您的选择"。

在单一经济激励干预的处理下，被试者的购买页面相比初始选择页面增加了有关政府经济激励政策的信息。以打印纸为例，单一经济激励干预呈现为"政府为鼓励可再生打印纸的使用，对可再生打印纸实行政策补贴，每箱可享受10％的折扣，请再次确认您的选择"。

在信息嵌入下的经济激励干预的处理下，被试者的购买页面相比初始选择页面增加了环境受益信息嵌入下的经济激励干预或自我受益信息嵌入下的经济激励干预。以打印纸为例，环境信息嵌入下的经济激励干预为"使用1张可再生打印纸可以节能约1.8克标准煤，相应减少二氧化碳排放4.7克，政府为鼓励可再生打印纸的使用，对可再生打印纸实行政策补贴，每箱可以享受10％的折扣，请再次确认您的选择"；自我受益信息嵌入下的经济激励干预呈现为"纸张的白度过高、光线反射过强对阅读是不利的，环保可再生打印纸的白度较低，可以起到保护视力的作用，政府为鼓励可再生打印纸的使用，对可再生打印纸实行政策补贴，每箱可以享受10％的折扣，请再次确认您的选择"。

在单一控制命令干预的处理下，被试者的购买页面相比初始选择页面增加了有关政府控制命令政策的信息。以打印纸为例，单一控制命令干预呈现为"政府为减少非可再生纸的使用，出台指导性政策对非可再生纸类产品进行限制，请再次确认您的选择"。

在信息嵌入下的控制命令干预的处理下，被试者的购买页面相比初始选择页面增加了环境受益信息嵌入下的控制命令干预或自我受益信息嵌入下的控制命令干预。以打印纸为例，环境受益信息嵌入下的控制命令干预呈现为"使用 1 张环保可再生打印纸可以节能约 1.8 克标准煤，相应减少二氧化碳排放 4.7 克，为保护环境，政府出台指导性政策对非再生纸类产品进行限制，请再次确认您的选择"；自我受益信息嵌入下的控制命令干预为"纸张的白度过高、光线反射过强对阅读是不利的，环保可再生打印纸的白度较低，可以起到保护视力的作用，政府为加大推广可再生打印纸的使用，出台指导性政策对非可再生纸类产品进行限制，请再次确认您的选择"。

（三）实验实施

实验实施包含预实验和正式实验两步。预实验的测试时间从 2020 年 8 月至 10 月。预实验设计虚拟的购物情景页面，并在精通计算机编码的老师和同学的帮助下，编写程序对随机分组进行设置，使被试者在初始选择结束点击确认按钮后，系统随机分配 8 个情景的任意情景之一供被试者再次选择。将实验页面部署在某高校内网上，招募校内的教职工、同学进行虚拟在线购买，告知被试者要进行的是有关绿色产品购买的调查，并提供一定的实验报酬。在这一过程中，本书研究项目组不断地对实验设计进行调整与修正。调整与修正主要集中在三个方面：一是检验随机分组的设置，通过预实验测试后台随机分组的代码编写情况。二是排除被试者诉求尺度的干扰。所谓诉求尺度是指对同一件事情的表述，有些被试者可能对数字的大尺度表述敏感，而有些被试者可能对数字的小尺度表述敏感。如针对环境受益信息，大尺度和小尺度的表述分别是"相比使用 1 张 100％全木浆非再生纸，使用 1 张可再生纸可减少二氧化碳排放 4.7 克"和"相比使用 1 吨 100％全木浆非再生纸，使用 1 吨可再生纸可减少二氧化碳排放 11.37 吨"。三是通过收集的数据进行模型估计，修正与优化实验设计。在预实验中，控制其他变量，检验两种不同的表述方法下被试者的选择是否会产生差异。预实验改进了代码的编写，排除了诉求尺度的干扰，最终的实验页面都做了灰色处理，以免产品颜色对被试者的选择产生额外干扰。

　　为使实验覆盖更多样化的消费群体，研究从 2020 年 11 月至 12 月，扩大样本的收集范围，向被试者发放设计好的模拟在线绿色消费决策链接以进行实验，获得有效样本数据 377 份，在此基础上进行预分析，初步检验研究假设。2021 年 10 月至 11 月进行正式的实验数据收集，通过问卷星向样本库随机发放模拟在线绿色消费决策链接，让被试者进行实验，共收集实验问卷 1 528 份，剔除相同选项过多、不符合逻辑的无效答卷 488 份，共获得有效样本数据 1 040 份。被试者通过随机分配形式，每个场景下的样本量如表 6 - 2 所示。

（四）初步分析

　　表 6 - 3 呈现了样本人口统计信息，样本的年龄段覆盖老中青三代，18～24 岁的占 23.92%，25～34 岁的占 37.99%，35～44 岁的占 20.48%，45～65 岁的占 17.61%；78.76% 具有本科及以上学历；61.82% 已婚且有子女，38.18% 未婚或已婚无子女；月收入在 5 000 元及以下的占 33.49%，5 000～8 000 元的占 33.97%，8 000 元及以上的占 32.54%；居住在大城市（超 500 万人口）的占 55.5%，居住在中小城市及乡镇、农村的占 45.5%。研究采用 Cronbach's α 值和 KMO 值、Bartlett's 球形检验来评估问卷里心理认同量表的信效度，其中 Cronbach's α 值为 0.713，KMO 值为 0.861，且 Bartlett's 球形检验的显著性水平为 0.000<0.05，可见心理认同量表的信效度较好。

表 6 - 3　样本信息汇总

人口统计变量	描述	百分比（%）	人口统计变量	描述	百分比（%）
性别	男	48.04	受教育程度	本科以下	21.24
	女	51.96		本科	72.64
				研究生及以上	6.12
婚姻状况	未婚；已婚尚无子女	38.18	居住地	中小城市及乡镇、农村	45.5
	已婚；有子女	61.82		大城市	55.5

（续）

人口统计 变量	描述	百分比 （%）	人口统计 变量	描述	百分比 （%）
年龄	18~24 岁	23.92	月收入	5 000 元及以下	33.49
	25~34 岁	37.99		5 000~8 000 元	33.97
	35~44 岁	20.48		8 000 元及以上	32.54
	45~65 岁	17.61			

接下来就实验的绿色消费行为转化效果做描述性的分析，以便从整体上把握实验的结果趋势，再分别就两种类型的信息嵌入的监管政策工具的干预效果展开分析。

消费者在各干预情景下由非绿色产品消费向绿色产品消费的转化，见图 6-1 和表 6-4。整体看，单一信息干预下引发的绿色消费行为转化率较低（单一环境受益信息干预下为 37%，单一自我受益信息干预下为 43%）；环境受益信息嵌入控制命令型监管政策工具干预引发的绿色消费行为转化率最高，达到 85%，比单一控制命令干预组的转化率高出约 30%；环境受益信息嵌入经济激励型监管政策工具的干预效果接近于自我受益信息嵌入控制命令型监

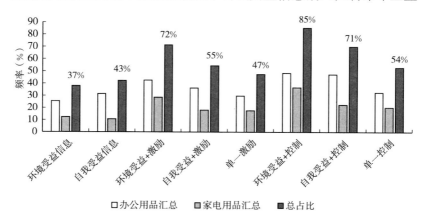

图 6-1　非绿色向绿色消费行为转化频率统计

管政策工具的干预效果，绿色消费行为转化率达到72%；自我受益信息嵌入经济激励型监管政策工具的干预效果接近单一控制命令型监管政策工具干预的绿色消费行为转化率，达到55%，相比环境受益信息嵌入经济激励型监管政策工具，自我受益信息嵌入经济激励型监管政策工具的绿色消费行为转化率较低，但两种信息嵌入的经济激励型监管政策工具都比单一经济激励型监管政策工具的绿色消费行为转化率要高。此外，比较来看，各个干预情景下高价值家电用品的绿色消费行为转化率不及低价值办公用品高。

表6-4　各情景由非绿色到绿色消费转化的频率统计

产品品类	情景1 环境受益 信息	情景2 自我受益 信息	情景3 环境受益 ＋激励	情景4 自我受益 ＋激励	情景5 单一经济 激励	情景6 环境受益 ＋控制	情景7 自我受益 ＋控制	情景8 单一控制 命令
打印纸	13%	17%	25%	24%	18%	30%	29%	13%
台灯	12%	15%	18%	13%	11%	18%	19%	20%
办公用品汇总	25%	32%	43%	37%	29%	48%	48%	33%
冰箱	6%	4%	14%	6%	7%	16%	9%	11%
洗衣机	6%	7%	15%	12%	11%	21%	14%	10%
家电用品汇总	12%	11%	29%	18%	18%	37%	23%	21%

第二节　嵌入式监管政策工具实施效果的实验检验

一、嵌入式经济激励型监管政策工具效果

（一）嵌入式经济激励型监管政策工具 vs 单一信息型监管政策工具

首先，将单一环境受益信息型监管政策工具作为对照组，考察环境受益信息嵌入经济激励型监管政策工具的干预效果，在其他变量保持不变的情况下，环境受益信息嵌入经济激励型监管政策工具

干预下绿色消费行为转化的发生比（绿色消费行为转化的发生频数与不发生频数之间的比）是对照组的 1.9 倍；其次，将单一自我受益信息型监管政策工具作为对照组，考察自我受益信息嵌入经济激励型监管政策工具的干预效果，在其他变量保持不变的情况下，虽然结果不显著，但仍可看出自我受益信息嵌入经济激励型监管政策工具干预下绿色消费行为转化的发生比是对照组的 1.3 倍。而且，无论在何种干预下，保持其他变量不变，相较于低价值办公用品，高价值家电用品的绿色消费行为转化的发生率比较低，换言之，绿色消费行为的转化更容易发生在低价值绿色产品购买上（表 6 - 5）。

表 6 - 5　嵌入式经济激励型监管政策工具与单一信息型监管
政策工具的干预效果对比

项目	系数估计	发生比	发生比 95% 置信区间		Pseudo R²
环境受益信息嵌入经济激励型 监管政策工具	0.646 *** (0.19)	1.908 *** (0.37)	1.301	2.797	
					0.06
高价值产品 vs 低价值产品	−0.612 *** (0.19)	0.542 *** (0.10)	0.373	0.788	
自我受益信息嵌入经济激励型 监管政策工具	0.276 (0.20)	1.317 (0.26)	0.890	1.950	
					0.04
高价值产品 vs 低价值产品	−0.971 *** (0.21)	0.379 *** (0.08)	0.178	0.856	

备注：显著性统计在 1% 水平标记为 ***、5% 水平标记为 **、10% 水平标记为 *，括号内为标准误，下同。单一信息型监管政策工具作为对照组，被解释变量为消费者由非绿色消费向绿色消费转化。当被试者在干预下由非绿色消费转变为绿色消费时，$y=1$，否则 $y=0$。

（二）嵌入式经济激励型监管政策工具 vs 单一经济激励型监管政策工具

将两种信息嵌入式经济激励型监管政策工具和单一经济激励型

监管政策工具共同纳入 Logit 模型回归分析，以单一经济激励型监管政策工具作为对照组，回归结果见表 6 - 6。可以发现，虽然自我受益信息嵌入经济激励型监管政策工具的系数不显著，但仍可看出无论是环境受益信息还是自我受益信息嵌入经济激励型监管政策工具，对绿色消费行为的转化效果都要好于单一经济激励型监管政策工具，而且行为的转化也更容易发生在低价值产品上。

表 6 - 6　嵌入式经济激励型监管政策工具与单一经济激励型
监管政策工具的干预效果对比

项目	系数估计	发生比	发生比 95% 置信区间		Pseudo R²
消费者由非绿色消费向绿色消费转化					
环境受益信息嵌入经济激励型 监管政策工具	0.486 *** (0.18)	1.625 *** (0.29)	1.146	2.304	
自我受益信息嵌入经济激励型 监管政策工具	0.136 (0.19)	1.146 (0.22)	0.792	1.657	0.04
高价值产品 vs 低价值产品	− 0.619 *** (0.15)	0.538 *** (0.08)	0.402	0.721	
消费者由绿色低端品牌向绿色高端品牌转换					
环境受益信息嵌入经济激励型 监管政策工具	0.530 ** (0.23)	1.699 ** (0.39)	1.089	2.651	
自我受益信息嵌入经济激励型 监管政策工具	0.651 *** (0.23)	1.917 *** (0.43)	1.234	2.977	0.04
高价值产品 vs 低价值产品	− 0.588 *** (0.18)	0.555 *** (0.10)	0.391	0.790	

　　备注：单一经济激励型监管政策工具作为对照组，被解释变量分别为消费者由非绿色消费向绿色消费转化和消费者由绿色低端品牌向绿色高端品牌转换。当被试者在干预下由非绿色消费转变为绿色消费时，$y=1$，否则 $y=0$；当被试者在干预下由绿色低端品牌向绿色高端品牌转换时，$y=1$，否则 $y=0$。

与以往研究不同，实证研究发现信息型与经济激励型监管政策工具之间有相互促进作用，这可能源于在本书研究中监管政策工具使用的情境与以往研究者不同。外部激励措施对个体亲环境动机是起到替代作用还是补充作用，在很大程度上取决于激励措施的实施方式（Bowles 和 Hwang，2008）。本书研究是针对消费者线上绿色消费行为进行干预，而且监管政策工具的组合方式是嵌入式组合，这可能导致两种类型的监管政策工具发挥了相互促进的干预效果。

研究还发现，在消费者由绿色低端品牌向绿色高端品牌的转换行为上，信息嵌入经济激励型监管政策工具与单一经济激励型监管政策工具存在显著差异（表 6 - 6）。在环境受益信息嵌入经济激励型监管政策工具的干预下，保持其他变量不变，消费者由绿色低端品牌向绿色高端品牌转换行为的发生比是单一经济激励型监管政策工具干预下的 1.7 倍，自我受益信息嵌入经济激励型监管政策工具干预是单一经济激励型监管政策工具干预的 1.9 倍。这可能源于当个人对其所获得的利益不确定时，就会对支付的金额格外敏感（Litvine 和 Wüstenhagen，2011），而两种信息嵌入降低了这种不确定性，补偿了消费者进行绿色产品购买时各自额外的利益诉求。环境受益信息嵌入使消费者获得额外"善"——利他的效用，自我受益信息嵌入使消费者获得额外"益"——利己的效用，这可能降低了消费者对价格的敏感度，从而实现绿色产品购买由低端品牌向高端品牌的跨越。

二、嵌入式控制命令型监管政策工具效果

（一）嵌入式控制命令型监管政策工具 vs 单一信息型监管政策工具

首先，将单一环境受益信息型监管政策工具作为对照组，考察环境受益信息嵌入控制命令型监管政策工具的干预效果，在其他变量保持不变的情况下，环境受益信息嵌入控制命令型监管政策工具干预下绿色消费行为转化的发生比是对照组的 2.4 倍；其次，将单

一自我受益信息型监管政策工具作为对照组，考察自我受益信息嵌入控制命令型监管政策工具的干预效果。在其他变量保持不变的情况下，自我受益信息嵌入控制命令型监管政策工具干预下绿色消费行为转化的发生比是对照组的1.8倍。而且，无论是环境受益信息还是自我受益信息嵌入控制命令型监管政策工具的干预下，保持其他变量不变，绿色消费行为的转化都更容易发生在低价值办公用品的购买上（表6-7）。

表6-7　嵌入式控制命令型监管政策工具与单一信息型监管
政策工具的干预效果对比

项目	系数估计	发生比	发生比95%置信区间		Pseudo R²
环境受益信息嵌入控制命令型监管政策工具	0.888 *** (0.19)	2.430 *** (0.47)	1.669	3.538	
					0.06
高价值产品 vs 低价值产品	−0.509 *** (0.18)	0.601 *** (0.11)	0.422	0.856	
自我受益信息嵌入控制命令型监管政策工具	0.597 *** (0.19)	1.817 *** (0.35)	1.249	2.643	
					0.07
高价值产品 vs 低价值产品	−1.024 *** (0.19)	0.359 *** (0.07)	0.245	0.526	

备注：单一信息型监管政策工具作为对照组，被解释变量为消费者由非绿色消费向绿色消费转化。当被试者在干预下由非绿色消费转变为绿色消费时，y=1，否则y=0。

（二）嵌入式控制命令型监管政策工具 vs 单一控制命令型监管政策工具

首先，以单一控制命令型监管政策工具作为对照组，考察信息嵌入对消费者由非绿色消费向绿色消费行为转化的效果。由分析结果可知（表6-8），在其他变量不变的情况下，环境受益信息和自我受益信息嵌入控制命令型监管政策工具对绿色消费行为转化的效果均要比单一控制命令型监管政策工具更好，发生比分别是单一控制命令型监管政策工具干预的1.7倍和1.4倍。

表 6-8　嵌入式控制命令型监管政策工具的干预效果

项目	系数估计	发生比	发生比 95%置信区间		Pseudo R²
消费者由非绿色消费向绿色消费转化					
环境受益信息嵌入控制命令型监管政策工具	0.548 *** (0.18)	1.730 *** (0.31)	1.222	2.450	
自我受益信息嵌入控制命令型监管政策工具	0.360 ** (0.18)	1.433 ** (0.26)	1.008	2.037	0.05
高价值产品 vs 低价值产品	−0.587 *** (0.14)	0.556 *** (0.08)	0.423	0.731	
消费者选择"放弃本次购买"					
环境受益信息嵌入控制命令型监管政策工具	−0.792 * (0.43)	0.453 * (0.21)	0.181	1.131	
自我受益信息嵌入控制命令型监管政策工具	−0.951 * (0.51)	0.386 * (0.19)	0.146	1.020	0.06

备注：单一控制命令型监管政策工具作为对照组，被解释变量分别为消费者由非绿色消费向绿色消费转化和消费者选择"放弃本次购买"。当被试者在干预下由非绿色消费转变为绿色消费时，$y=1$，否则 $y=0$；当被试者在干预下由非绿色消费转变为"放弃本次购买"时，$y=1$，否则 $y=0$。

　　进一步，在实验中将控制命令型监管政策工具的场景设置为非绿色产品不可选，并增加了"放弃本次购买"选项。如果消费者选择"放弃本次购买"，说明消费者宁可放弃购买也不会转变原本的非绿色选择。我们希望看到的干预效果是消费者由非绿色产品购买转变为绿色产品购买，而不是在控制命令型监管政策工具干预下选择"放弃本次购买"。因此研究要考查消费者对"放弃本次购买"的选择情况，将单一控制命令型监管政策工具作为对照组，分析两种信息嵌入控制命令型监管政策工具对消费者选择"放弃本次购买"的作用效果。由分析结果可知（表 6-8），两种信息嵌入的控制命令型监管政策工具比单一控制命令型监管政策工具导致了更少的"放弃本次购买"，达到了预期干预效果，后面在作用机制检验部分将对此做进一步分析。

第三节　嵌入式监管政策工具实施效果的作用机制检验

在考察嵌入式监管政策工具的实施效果后，还要重点考察的是：首先，通过信息的嵌入，嵌入式监管政策工具是否能对消费者的信息处理水平进行干预，使消费者的信息处理路径由边缘路径向中央路径迁移，为进一步影响消费者行为创造条件；其次，嵌入式监管政策工具促进了消费者绿色消费行为的转化，那么这期间消费者的心理、行为过程如何。进一步研究用不同的信息内容分别与经济激励型和控制命令型监管政策工具进行嵌入式组合，两种嵌入式监管政策工具是否有各自不同的实现机制，各侧重哪一类因素；两种嵌入式监管政策工具的实现路径中哪些维度起主导作用等。此外，还要进一步分析嵌入式监管政策工具作用机制的边界条件，考察嵌入式监管政策工具对不同群体的实现路径是否有差异。

一、信息处理路径的检验

如前文所述，嵌入式监管政策工具首先通过信息的嵌入使个体信息处理路径由边缘路径迁移至中央路径，为监管政策工具对个体的心理加工过程进行干预创造条件。通过中央路径进行信息处理，个体更依赖心理过程的加工，此时的决策占用较多心理资源（Hossain，2018），故本部分以单一结构型监管政策工具为比较对象，分析在嵌入式监管政策工具的干预下是否更凸显了心理机制变量的作用，进而对信息处理路径进行检验。将经济因素和非经济因素作为被解释变量进行回归，从整体上考察嵌入式监管政策工具对两类因素的作用效果。实际操作中以嵌入式监管政策工具的干预作为处理组，以单一结构型监管政策工具的干预作为对照组进行回归，这样会存在处理效应。为提高估计的有效性（Khandker 等，2010），研究基于可观测的人口统计变量，采用一对一有放回的近邻匹配法对处理组与对照组进行倾向得分匹配后再估计处理效应，结果是大多数观测值均在共同取值范围内，在倾向得分匹配时只损失了少量样本。如表 6 - 9 所示，可以发现，相比单一结构型监管政策工具，嵌入式监管政策工具对非经济因素有显著的正向效应。这初步说明，嵌入式监管政策工具在一定程度上提升了个体的心理收益，使个体在信息处理时更"走心"，对信息的处理启动了中央处理路径。

表 6 - 9　嵌入式监管政策工具对经济因素和非经济因素的影响

项目	非经济因素	经济因素
环境受益信息嵌入经济激励型监管政策工具		
施加干预	0.240 ***	0.124
	(0.08)	(0.07)
观测样本量	1 080	1 080
匹配后样本量	1 040	1 040
自我受益信息嵌入经济激励型监管政策工具		
施加干预	0.167 **	−0.021
	(0.08)	(0.06)
观测样本量	1 072	1 072
匹配后样本量	1 064	1 064
环境受益信息嵌入控制命令型监管政策工具		
施加干预	0.123 **	0.028
	(0.05)	(0.07)
观测样本量	1 004	1 004
匹配后样本量	1 004	1 004
自我受益信息嵌入控制命令型监管政策工具		
施加干预	0.151 **	−0.053
	(0.08)	(0.10)
观测样本量	1 024	1 024
匹配后样本量	1 008	1 008

　　进一步将非经济因素与经济因素包含的各机制变量作为被解释变量放入模型，具体考察嵌入式监管政策工具对各机制变量的影响效应，结果发现（表6-10）：嵌入式监管政策工具显著提升了被试者的心理收益，而对行为成本的影响效应并不显著，验证了上一步的检验结果。

表6-10　嵌入式监管政策工具对心理机制变量的影响

项目	身份认同	行为认同	政策认同	行为成本
环境受益信息嵌入经济激励型监管政策工具				
施加干预	0.361***	0.191**	0.183*	0.047
	(0.12)	(0.08)	(0.11)	(0.08)
观测样本量	1 080	1 080	1 080	1 080
匹配后样本量	1 040	1 040	1 040	1 040
自我受益信息嵌入经济激励型监管政策工具				
施加干预	0.216*	0.164*	0.125	−0.001
	(0.12)	(0.09)	(0.08)	(0.08)
观测样本量	1 072	1 072	1 072	1 072
匹配后样本量	1 064	1 064	1 064	1 064
环境受益信息嵌入控制命令型监管政策工具				
施加干预	0.138**	0.023	0.214***	0.062
	(0.07)	(0.06)	(0.07)	(0.08)
观测样本量	1 004	1 004	1 004	1 004
匹配后样本量	1 004	1 004	1 004	1 004
自我受益信息嵌入控制命令型监管政策工具				
施加干预	0.118	0.141*	0.185*	−0.079
	(0.08)	(0.08)	(0.11)	(0.09)
观测样本量	1 024	1 024	1 024	1 024
匹配后样本量	1 008	1 008	1 008	1 008

二、心理加工过程的检验

前一部分利用倾向得分匹配法初步分析了嵌入式监管政策工具对心理机制变量的影响效应，也间接验证了各个心理机制变量的选择效果。本部分采用 Imai 等（2010，2011）的因果中介分析方法，进一步验证心理机制变量的平均因果中介效应，并考察这些机制变量发挥作用的边界条件。

（一）嵌入式经济激励型监管政策工具的心理机制分解

将单一经济激励型监管政策工具作为对照组，嵌入式经济激励型监管政策工具作为处理组，在环境受益信息嵌入经济激励型监管政策工具的干预下，身份认同机制的平均因果中介效应显著，其效应被月收入、受教育程度、婚姻状况和年龄调节（表 6 - 11）。具体来说，收入中等、学历在本科以下、已婚有子女、年龄在 35～44 岁和 45～65 岁的消费者，更倾向通过身份认同机制实现绿色消费行为的转化。

表 6 - 11　嵌入式经济激励型监管政策工具的心理机制分解

项目	系数估计		中介效应占比（%）
	中介效应	直接效应	
环境受益信息嵌入经济激励型监管政策工具（y＝非绿色消费向绿色消费行为转化）			
身份认同	0.058***	0.218***	21***
月收入（5 000～8 000 元）	0.059***	0.288***	17***
本科以下学历	0.203*	1.247***	14*
已婚有子女	0.084***	0.516***	14***
年龄（35～44 岁）	0.089***	0.379***	19***
年龄（45～65 岁）	0.145*	0.761***	16*
自我受益信息嵌入经济激励型监管政策工具（y＝非绿色消费向绿色消费行为转化）			
身份认同	0.021***	0.070***	23***
本科学历	0.013***	0.052***	20***
未婚及已婚无子女	0.051***	0.091***	36***

（续）

| 项目 | 系数估计 | | 中介效应占比 |
	中介效应	直接效应	（%）
男性	0.055 ***	0.165 ***	25 *
年龄（18～24 岁）	0.015 ***	0.060 ***	20 ***
行为认同	0.052 *	0.468 **	10 *
未婚及已婚无子女	0.132 ***	0.442 ***	23 ***
年龄（18～24 岁）	0.082 ***	0.601 ***	12 ***

备注：中介效应即 ACME（Average Causal Mediation Effect）；直接效应即 ADE（Average Direct Effect），下同。当被试者在干预下由非绿色消费转变为绿色消费时，$y=1$，否则 $y=0$。

环境受益信息的嵌入使经济激励型监管政策工具强化了消费者的身份认同，对绿色消费行为的促进不仅让消费者感知到产品属性特征的绿色化，还使得这种感知与消费者追求的个体价值相契合，如利环境价值观下"环保使我成为更好的人"。对年龄在35～44岁和45～65岁的收入中等、学历在本科以下的消费者而言，可能更会因为绿色产品的购买而感知到其被社会认可、实现了社会价值。已有研究也证实绿色消费会增加社会融入感、增强社会价值感知（Tezer 和 Bodur，2020）。

在自我受益信息嵌入经济激励型监管政策工具的干预下，身份认同机制和行为认同机制的平均因果中介效应显著（表 6-11）。身份认同机制、行为认同机制效应被消费者婚姻状况、学历和年龄等调节，调节变量的特征基本相同，18～24 岁的年轻消费群体更倾向通过身份认同和行为认同机制向绿色消费行为转化。自我受益信息嵌入经济激励型监管政策工具尤其对 18～24 岁的年轻消费者更有效，可能源于在这部分群体中，绿色消费已从追求利他、利社会的道德消费的神圣目标逐渐演变成个人塑造自我、表达自我和追求品质生活的工具。通过绿色消费，年轻群体既要满足"自我受益"的利己诉求，也要彰显"向善""向绿"的价值观念，所以在自我受益信息嵌入经济激励型监管政策工具的干预下，更有利于推进绿色消费行为的转化。

（二）嵌入式控制命令型监管政策工具的心理机制

在环境受益信息嵌入控制命令型监管政策工具的干预下，身份认同和政策认同的平均因果中介效应显著。其中，中等及以上收入、研究生及以上学历、年龄在25～34岁的消费者更倾向通过身份认同实现绿色消费行为转化；同样，中等及以上收入、本科学历、年龄在35～44岁的消费者更倾向通过政策认同实现绿色消费行为转化。在自我受益信息嵌入控制命令型监管政策工具的干预下，行为认同的平均因果中介效应显著。值得注意的是，学历不高的女性消费者更易通过行为认同来实现绿色消费行为的转化（表6-12）。

表6-12　嵌入式控制命令型监管政策工具的心理机制分解

项目	系数估计		中介效应占比（%）
	中介效应	直接效应	
环境受益信息嵌入控制命令型监管政策工具（y＝非绿色消费向绿色消费行为转化）			
身份认同	0.072**	0.528***	12**
月收入（5 000～8 000元）	0.103*	1.041***	9*
月收入（8 000元以上）	0.139**	0.788***	15**
研究生及以上学历	0.174*	1.164***	13*
男性	0.098**	0.515***	16*
年龄（25～34岁）	0.015**	0.050**	23**
政策认同	0.085**	0.623***	12**
月收入（5 000～8 000元）	0.101**	0.741***	12**
月收入（8 000元以上）	0.138**	0.489**	22**
本科学历	0.098**	0.882**	10**
男性	0.165***	0.470***	26**
年龄（35～44岁）	0.048**	0.123**	28**

（续）

项目	系数估计		中介效应占比
	中介效应	直接效应	（％）
环境受益信息嵌入控制命令型监管政策工具（y＝选择放弃购买）			
政策认同	−0.018 **	−0.207	8 **
月收入（5 000～8 000 元）	0.025 *	0.332 **	7 *
月收入（8 000 以上）	0.023 ***	0.141 ***	14 ***
本科学历	0.026 **	0.407 ***	6 **
研究生及以上学历	0.070 *	0.468 ***	13 *
男性	0.043 ***	0.153 ***	21.9 ***
已婚有子女	0.016 ***	0.251 ***	6 **
年龄（35～44 岁）	0.017 ***	0.323 ***	5 ***
自我受益信息嵌入控制命令型监管政策工具（y＝非绿色消费向绿色消费行为转化）			
行为认同	0.032 *	0.235 ***	12 *
本科以下学历	0.043 ***	0.062 ***	41 ***
女性	0.039 *	0.100 ***	28 *
自我受益信息嵌入控制命令型监管政策工具（y＝选择放弃购买）			
行为认同	−0.016 *	−0.251	6 *
女性	0.015 *	0.028 *	35 *

备注：当被试者在干预下由非绿色消费转变为绿色消费时，$y=1$，否则 $y=0$；当被试者在干预下由非绿色消费转变为"放弃本次购买"时，$y=1$，否则 $y=0$。

进一步考察消费者"放弃本次购买"和转向绿色产品购买的权衡过程。前文实证检验得出相比单一控制命令型监管政策工具，嵌入式控制命令型监管政策工具产生了更少的"放弃本次购买"，本部分要进一步检验是何种机制导致了这一结果。从表 6－12 可知，在环境受益信息嵌入控制命令型监管政策工具的干预下，政策认同机制使消费者减少放弃购买的选择，转而向绿色产品消费转变，这一群体特征和表 6－12 中非绿色消费向绿色消费行为转化的政策认同机制分解结果基本一致；在自我受益信息嵌入控制命令型监管政策工具的干预下，学历不高的女性消费群体由于产生了行为认同，在"放弃本次购买"和绿色产品购买的权衡中，更倾向于选择绿色产品购买。

　　一般而言，崇尚自由的年轻群体对控制命令型的监管政策工具更为敏感，通过环境受益信息的嵌入，收入较高、学历较高的25～34 岁年轻群体通过身份认同增加了对控制命令型监管政策工具的接受度，这部分群体的身份认同与本科以下学历的中老年群体和本科学历、更年轻的 18～24 岁群体有所不同，更偏重通过"绿色产品与我自身形象相符"产生身份认同，而不仅是"购买绿色产品我会成为更好的人"。政策认同的生成过程相对复杂，它包含消费者的认知、情感过程，消费者的信息掌握能力、信息处理能力是政策认同的先决条件（袁方成和李会会，2020），收入较高、本科及以上学历、年龄在 35～44 岁的消费者尤其具备这一能力特征，所以控制命令型监管政策工具通过信息的嵌入提升了这一部分群体对控制命令型监管政策工具的认同，从而实现了绿色消费行为的转化。此外，在自我受益信息嵌入控制命令型监管政策工具的干预下，相对男性消费者，更多的女性消费者通过行为认同实现绿色产品的转化。那么，这是否说明女性消费者更关注绿色产品的产品特性，绿色属性特征弱化了控制命令的强制属性；又或者，这是否说明女性消费者很难通过政策认同机制实现绿色消费行为转化。这仍需要进一步的研究探讨。

　　值得注意的是，在对嵌入式监管政策工具机制分解时，发现男性消费者的平均因果中介效应大部分显著，这可能源于本书在研究中衡量的是消费者由非绿色消费到绿色消费的行为转变，男性消费者在初次选择时相较女性可能更多地选择了非绿色产品，所以在衡量行为转化时突显了男性消费者的绿色消费行为。

第四节　嵌入式监管政策工具的优化方案和优化路径

　　本部分在嵌入式监管政策工具实施效果分析、作用机制检验的分析基础上,进一步提出嵌入式监管政策工具的优化方案和优化路径。

具体来说,在紧密结合数字经济时代特征的基础上,本部分分别从应用场景、监管效率、配套措施、监管效果四个方面提出具体的优化方案,再在每个优化方案的基础上绘制优化路线图,遵循从行为机制优化到社会机制优化再到制度运行机制优化的路径(图6-2)。其中,行为机制优化侧重绿色消费行为转化的特征变量、驱动因素等的优化,包含数字化匹配机制、数字化行为洞察机制;社会机制优化主要指促进绿色消费行为转化的监管政策工具设计、干预机制等的优化以及与其他社会领域的嵌入与协同,包含数字化传播渠道、数字化平台、数字化产品标志、数字化反馈;制度运行机制优化强调监管政策体系、制度层面宏观框架的设计,涉及推进绿色消费的监管政策监测体系、宏观的数字化治理环境等方面。

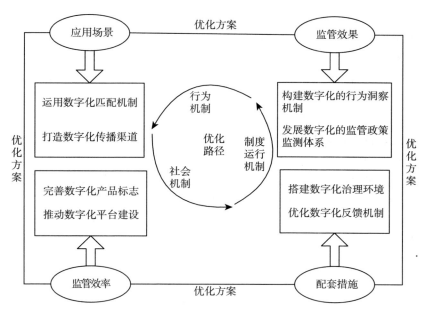

图6-2 嵌入式监管政策工具的优化方案和优化路径

来源:作者绘制。

一、丰富嵌入式监管政策工具的应用情景，匹配目标群体

由前文分析结果可知，嵌入式监管政策工具覆盖的人群相对较为集中，对45～65岁消费群体的覆盖程度不高。分析其原因，一方面可能源于这部分群体应用线下消费场景居多，对转换为线上消费场景不能很好地适应；另一方面可能源于嵌入式监管政策工具对这一部分群体在数字经济时代绿色消费行为特征的捕捉不灵敏，导致对这一部分群体的干预效果不显著。所以，针对这一问题，嵌入式监管政策工具不应该仅在线上购物情境下应用，还应该丰富其他应用情景，使嵌入式监管政策工具的信息化水平在横向应用拓展上得以提升，覆盖更多的消费群体，并能够充分利用数字化匹配机制，做到分类施策。

1. 打造数字化传播渠道，提升嵌入式监管政策工具的信息化水平。在消费端，应紧密结合数字生活新服务行动，利用数字信息技术，改变传统信息的呈现形式、呈现方式，解决诸如宣传教育、公益广告、户外横幅、能效标识等传统信息未能显著地、实质性地引导绿色消费行为模式以及传统信息呈现的需求侧响应并不完全奏效的问题，充分利用手机App、微信公众号、二维码等传播渠道，向消费者传达定制化或个性化的绿色产品信息、绿色政策信息，满足不同消费者的绿色需求。

2. 运用数字化匹配机制，提升嵌入式监管政策工具的分类施策水平。在消费端，应充分利用数字信息技术可以海量存储消费者数据、洞察消费者全貌和为消费者"画像"的优势，探索绿色消费者分类模式，进而有针对性地匹配施策。如针对不同年龄段群体，或针对非绿色、浅绿色、深绿色等不同绿色程度的消费者使用不同类型的嵌入式监管政策工具：对非绿色消费者，可以加大嵌入式监管政策工具中经济激励型工具的实施力度；对浅绿色消费者，可以强调绿色产品认证信息，即对消费者自身有益的信息；而对深绿色消费者，可以重点强调绿色消费带来的环境受益信息。应做到根据

不同特征的消费者精准施策、分类提升。

二、深化信息型监管政策工具的辅助作用，提高监管效率

在前文的实施效果分析中，可以发现：当环境受益信息与自我受益信息分别与经济激励型监管政策组合使用时，所引发的消费者绿色消费行为转化的作用机制是有差异的。如环境受益信息嵌入经济激励型监管政策工具并没有引发消费者的行为认同，只引发了身份认同，且发挥作用的消费群体普遍学历不高，关于如何扩大身份认同机制的作用群体、如何让高学历消费群体也产生身份认同，可能仅嵌入环境受益信息是不够的，还应该开发更多形式、不同内容的信息嵌入；而环境受益信息嵌入控制命令型监管政策工具则使消费者产生了政策认同。换言之，根据结构型监管政策工具类型的不同，信息嵌入所起到的作用是不同的，即不同监管政策工具间的嵌入融合水平是不同的，而且这种不同可能会随着嵌入式监管政策工具嵌入的空间、领域的不同而有完全不同的实施效果。

1. 完善数字化产品标志，提升嵌入式监管政策工具的关联水平。由前文分析中可知，在数字经济时代，消费者的绿色消费行为追求自身对绿色的预期，在很多情况下，在线消费者并不想知道一个产品是否符合别人对绿色的定义，他们更想通过自己搜寻数据和相关资料来自己定义绿色，享受个体定义、为产品赋值的过程，这一行为特征可能在高学历、高收入的消费群体中表现得更为明显。针对这一特点，嵌入式监管政策工具可以充分利用移动互联、社交媒体、大数据技术等提升其与其他媒介渠道、消费者自身的关联水平，如将产品绿色标志做到可扫码识别、可转发评论，扫码识别产品背后的详细绿色设计标准，可便于消费者自行搜索、转发评论，营造针对绿色消费的舆论空间。

2. 推动数字化平台建设，提升嵌入式监管政策工具的融合水平。本书中针对推进绿色消费的嵌入式监管政策工具的研究是基于线上消费情境对消费者消费过程的嵌入，可以进一步将嵌入情境进

行拓展，并且随着嵌入情境的转换，嵌入式监管政策工具内不同类型的监管政策工具间的融合水平可能会有不同，即不同类型的嵌入式监管政策工具会有其最佳的匹配情境，使监管政策工具间的融合水平达到最大化，从而提高监管效率。而前提是要对嵌入情境的发现具有高敏感度，并推动嵌入情境的数字化建设，例如，2016年商务部开展了绿色商场单位创建工作，2020年住房和城乡建设部等部门发布《关于印发绿色社区创建行动方案的通知》（建城〔2020〕68号），在这两种情境下探索嵌入式监管政策工具的应用，逐步提升嵌入式监管政策工具的融合水平。

三、强化嵌入式监管政策工具的数字化水平，完善配套措施

嵌入式监管政策工具效力的发挥，是一个不断循环改进、迭代、优化的过程，而这一过程是多方参与互动的过程，是不断完善监管配套措施的过程。本书分析了通过对消费过程的嵌入，监管部门能够获得一手的消费信息，除了对消费过程进行干预外，还能基于消费数据优化嵌入式监管政策工具，然而，数字经济时代不仅为监管政策工具本身的优化提供了技术条件，也为监管的绩效评估提供了新的解决方案，使其具有动态性和实时性，从整体上提升推进绿色消费的监管水平，这离不开对数字化反馈机制的优化和数字化治理环境的搭建。

1. 优化数字化反馈机制，提升嵌入式监管政策工具的动态评估水平。监管部门应充分利用数字经济时代公众参与政策诉求、政策评估过程的形式和路径正发生重大转变这一特点，完善公众参与的形式、渠道，为后续监管政策工具优化、监管政策效果的实现提供反馈机制。例如，运用更具有渗透力的云媒体，加载非正式的参与形式，利用大数据技术解决信息不对称和参与意愿分析困难等问题，通过对消费者参与政策诉求与评价数据的收集与分析，让监管政策实施时刻处于被评价、被反馈的状态，实现从"绩效后评"向"实时回应"转变。

2. 搭建数字化治理环境，提升推进绿色消费的监管的整体性水平。 在数字经济时代，推进绿色消费的监管政策工具从选择、使用到优化的三个环节都离不开数字化的治理环境。数字化的治理环境既包括数字化技术水平的提升，也包括监管政策工具三个环节整体性水平的提升。如从监管政策反馈中，监管部门可以更加精准地制定政策，也可以掌握不同的消费者对哪些监管政策有兴趣以及消费者实际参与的频度、深度等重要数据。掌握了这些数据，不仅可以将评估信息向消费者精准推送，还能够解决分类施策中施策对象识别的基础性问题，有利于绿色消费的系统性推进，也有助于提升嵌入式监管政策工具的整体性运用水平。

四、细化嵌入式监管政策工具实施效果的行为层次，促进绿色消费升级

通过嵌入式监管政策工具的实施效果分析，可以发现：信息嵌入经济激励型监管政策工具使消费者的绿色消费行为实现了高阶转化，不仅是非绿色向绿色的低阶行为转化，而且是由绿色向深绿色的高阶行为转化。这一方面说明嵌入式监管政策工具在促进消费者向绿色消费行为转化时是有层次的，要细化哪种干预只能实现绿色消费行为的低阶转化，哪种干预可以实现绿色消费行为的高阶转化，并且能够识别绿色消费升级的行为特征，针对性地进行高阶转化的干预，从而促进绿色消费升级；另一方面也说明低阶转化干预应用在具有高阶转化需求的群体上，可能存在抑制绿色消费升级的可能性，有必要建立监管政策的监测体系。

1. 构建数字化的行为洞察机制，提升嵌入式监管政策工具的渗透力。 推进绿色消费是一个动态逐步推进的过程，也是在不断向前向上发展后实现的目标。当消费者达到一定程度的绿色化消费后，要推进其向更高层次的绿色化消费方向升级。这需要嵌入式监管政策工具能够从微观角度对数字经济时代的绿色消费升级及其行为特征进行洞察，基于对绿色消费大数据的分析，实现对绿色消费升级行为的精确捕捉，即根据不同的绿色消费行为层次构建不同的

洞察机制，提升嵌入式监管政策工具的渗透力。

2. 发展数字化的监管政策监测体系，提升嵌入式监管政策工具的张力。数字化的监管政策监测体系包含两方面的含义，一是监管政策体系的数字化，二是数字化的监管政策工具监测体系。监管政策工具是监管政策体系的具体表现形式，监管政策体系是监管政策工具的支撑。在数字经济时代，不仅要求监管政策体系的完备性，而且提出了数字化的新要求。数字化的新要求一方面是指通过数字化技术为监管政策体系的监测提供基础条件，另一方面是指对数字化元素的融入，识别数字经济时代新兴的非正式制度，将非正式制度融入监管政策体系中，将正式制度与非正式制度结合使用以消除负向"挤出"效应，增大正向"溢出"效应。此外，要对监管政策工具进行监测，识别其背后潜在的局限和不足，挖掘其背后推进绿色消费的深层问题和监管需求。

第五节　本章小结

本章在推进绿色消费的嵌入式监管政策工具的分析框架的基础上，展开第二部分的实证研究——嵌入式监管政策工具的实施效果分析，包含嵌入式监管政策工具的实施效果分析、作用机制检验，以及基于实证分析后的嵌入式监管政策工具的优化分析。

1. 嵌入式经济激励型监管政策工具的实施效果分析。研究发现，无论是环境受益信息还是自我受益信息嵌入的经济激励型干预，对绿色消费行为的转化效果都好于单一信息或单一经济激励的监管政策干预，其中环境受益信息嵌入的经济激励的干预效果要好于自我受益信息嵌入的经济激励的干预效果。研究还发现，在消费者由绿色低端品牌向绿色高端品牌转换行为上，信息嵌入的经济激励干预与单一经济激励干预存在显著差异。

2. 嵌入式控制命令型监管政策工具的实施效果分析。研究发现，无论是环境受益信息还是自我受益信息嵌入的控制命令型干预，对绿色消费行为的转化效果都好于单一信息或单一控制命令的监管政策干预，其中环境受益信息嵌入的控制命令的干预效果要好于自我受益信息嵌入的控制命令的干预效果。进一步分析消费者对"放弃本次购买"的选择情况，将单一的控制命令干预作为对照组，分析两种信息嵌入的控制命令干预对消费者选择"放弃本次购买"的作用效果。研究发现，两种信息嵌入的控制命令型监管政策工具比单一控制命令型监管政策工具导致了更少的"放弃本次购买"。

3. 嵌入式监管政策工具的作用机制检验。作用机制的检验过程分为两个步骤，分别为信息处理路径的检验和心理加工过程的检验。针对信息处理路径的检验发现，相比单一结构型监管政策工具，嵌入式监管政策工具对非经济因素有显著的正向效应。这说明嵌入式监管政策工具在一定程度上提升了个体的心理收益，使个体在信息处理时更"走心"，对信息的处理启动了中央处理路径。针对心理加工过程的检验具体考察嵌入式监管政策工具的干预对心理机制变量的影响，再利用因果中介分析法分析心理机制变量的平均因果中介效应，并考察这些机制变量发挥作用的边界条件。

4. 基于实施效果分析的监管政策工具的优化分析。此部分紧密结合数字经济时代特征，分别从应用场景、监管效率、配套措施、监管效果四个方面提出具体的优化方案，再在每个优化方案的基础上绘制优化路线图，遵循从行为机制优化到社会机制优化再到制度运行机制优化的路径。

■ 第七章　结论和展望

第一节　主要研究结论与研究贡献

一、主要研究结论

1. 嵌入式监管政策工具是信息嵌入式的监管政策工具组合，实现对消费情境和监管对象的嵌入。嵌入式监管并没有统一的实现形式，在不同的监管研究领域都有其各自的含义和形式的界定，但是基本上是基于"连接、关联"的嵌入性逻辑，使监管部门与监管对象、监管过程之间呈现出崭新的结构优化、关系转换图景。结合数字经济时代特征，本书研究认为嵌入式是一种创新的政府监管模式，其体现的基本价值理念在于：一是以人为本、以公众为中心的监管理念的范式转变；二是重视事中监管，深入社会生活细节与公众的"无缝隙"融入；三是淡化公私的界限，利用平台企业协同提供监管供给；四是整合社会运行机制，实现社会机制和监管机制的共生共享。嵌入式监管政策工具嵌入消费者网络化的线上消费情境中，并基于消费者对监管政策的选择偏好进行监管政策工具设计。本书通过对监管政策信息化属性特征的挖掘和微观偏好的实证分析，研究得出嵌入式监管政策工具包含信息嵌入的经济激励型和信息嵌入的控制命令型监管政策工具两大类型，信息涵盖自我受益信息和环境受益信息两种。

2. 嵌入式监管政策工具对促进绿色消费行为转化的实施效果好于单一监管政策工具。经济激励型和控制命令型监管政策工具分别与信息型监管政策工具的嵌入组合增强了信息型监管政策工具的行动力，同时信息嵌入放大了经济激励的效果，也缓释了控制命令的负面影响。此研究结论一方面验证了 Stern（1999）的结论，即仅使用传统结构型监管政策工具是不够的，还需要信息型监管政策工具的辅助；另一方面也回应了学者对经济激励型和信息型监管政策工具组合使用效果的质疑，本书的研究结果证明了信息型与经济激励型监管政策工具之间有相互促进作用。这可能源于监管政策工具使用的情境与以往研究者不同，外部激励措施对个体亲环境动机是起到替代作用还是补充作用，在很大程度上取决于激励措施的实施方式（Bowles 和 Hwang，2008）。本书是针对消费者的线上消费行为进行干预，而且监管政策工具的组合方式是嵌入式组合，这可能导致两种类型监管政策工具发挥了相互促进的干预效果。

3. 嵌入式监管政策工具不仅促进绿色消费行为由非绿色向绿色转化，还能够促进线上绿色消费行为由低端品牌（浅绿色）向高端品牌升级（深绿色）。与单一经济激励型监管政策工具相比，信息嵌入的经济激励型监管政策工具促使更多的消费者由绿色低端品牌向绿色高端品牌升级。当个人对其所获得的利益不确定时，就会对支付的金额格外敏感（Litvine 和 Wüstenhagen，2011）。两种信息嵌入补偿了消费者在进行绿色产品购买时各自额外的利益诉求，环境受益信息嵌入使消费者获得额外"善"——利他的效用，自我受益信息嵌入使消费者获得额外"益"——利己的效用，这可能降低了消费者对价格的敏感度，实现绿色产品购买由低端品牌向高端品牌跨越，实现由浅绿色向深绿色转化。嵌入式监管政策工具促使绿色消费行为的转化是具有层次性的，既可以促进低阶的非绿色向绿色的行为转化（低阶绿色转型），也可以促进绿色低端品牌向绿色高端品牌的行为转换（高阶绿色转型），这也回答了 Litvine 和 Wüstenhagen（2011）提出的"什么样的监管设计会促进由低阶向高阶绿色转型"的问题。

4. 嵌入式监管政策工具使消费者的信息处理路径由边缘路径向中央路径迁移。研究证实嵌入式监管政策工具可以对消费者的信息处理水平进行干预，使消费者的信息处理路径由边缘路径向中央路径迁移，这成为心理机制发挥作用的前提条件，换言之，心理机制起作用需要一个启动机制。王建明（2013）研究证实，对公众资源节约行为的干预存在临界门槛，即干预政策要使公众的资源节约意识达到临界门槛才会产生显著的行为改变，因为意识要真正诱致资源节约等绿色行为的发生，需要达到一定的意识临界点。但该研究却没有指出临界门槛具体的实现机制，本书的研究结果提供了一个可操作的方案。此外，基于 ELM 理论模型，虽然从边缘路径到中央路径是信息处理过程的连续体，但是对监管干预来说，这是两种不同的说服策略。对嵌入式监管政策工具而言，为更好地促进态度和行为的转变，中央路径是监管者最优先考虑的干预路径，何时采用边缘路径进行干预还有待进一步研究。

5. 嵌入式监管政策工具更依赖心理机制变量对绿色消费行为产生积极影响。 无论是信息嵌入的经济激励型还是控制命令型监管政策工具，除了依靠降低行为成本（经济因素）来促进绿色购买外，更依赖心理机制变量（非经济因素）对绿色消费行为产生积极影响。例如，信息嵌入的经济激励型监管政策工具强化了消费者的身份认同，这说明：一方面，对绿色消费行为的促进不应只停留在让消费者感知到产品属性特征的"绿色化"，还要使这种感知与消费者追求的个体价值相契合，而个体价值也不只是利环境价值观下"环保使我成为更好的人"，还包含利己价值观下"这款绿色产品恰好与我自身形象相符合"；另一方面，也验证了信息嵌入降低了消费者将购买绿色产品行为归因于外在激励的可能性，而是更倾向归因于消费者自身内在的购买动机，内部归因会使绿色消费行为更具稳定性，不会因为经济激励的撤销而轻易放弃绿色产品购买（Frey和 Jegen，2001）。

6. 嵌入式监管政策工具的中介机制作用发挥存在边界条件，不同群体的心理机制具有差异性。 不同群体实现线上绿色消费行为转化所依赖的中介机制是有差异的。总结来说，在嵌入式监管政策工具的干预下，本科学历的 18～24 岁的年轻消费群体、本科以下学历的女性消费群体更容易通过行为认同来实现线上绿色消费行为转化；而收入较高、学历较高的 35～44 岁的男性消费群体更容易通过政策认同实现线上绿色消费行为转化。此外，除自我受益信息嵌入控制命令型监管政策工具外,其余信息嵌入的监管政策工具均能触发身份认同机制,而且此机制覆盖的消费群体最多样化。本书的研究结果汇总如表7-1所示。

表7-1 研究结果汇总

结果	环境受益信息嵌入经济激励型监管政策工具	自我受益信息嵌入经济激励型监管政策工具	环境受益信息嵌入控制命令型监管政策工具	自我受益信息嵌入控制命令型监管政策工具
推进效应检验				
由非绿色消费向绿色消费转化	转化效果好于单一经济激励型工具	转化效果好于单一经济激励型工具	转化效果好于单一控制命令型工具	转化效果好于单一控制命令型工具
由绿色低端品牌向绿色高端品牌转换	转换效果好于单一经济激励型工具	转换效果好于单一经济激励型工具	无差别	无差别
消费者选择"放弃本次购买"	×	×	相比单一控制命令型工具,产生更少的"放弃本次购买"	相比单一控制命令型工具,产生更少的"放弃本次购买"
信息处理路径的检验				
边缘路径	×	×	×	×
中央路径	√	√	√	√
心理加工过程的检验				
身份认同	√	√	√	×
行为认同	×	√	×	√
政策认同	×	×	√	×
18~24岁消费者	×	调节身份认同和行为认同	×	×
25~34岁消费者	×	×	调节身份认同	×
35~44岁消费者	调节身份认同	×	调节政策认同	×
45~65岁消费者	调节身份认同	×	×	×

（续）

结果	环境受益信息嵌入经济激励型监管政策工具	自我受益信息嵌入经济激励型监管政策工具	环境受益信息嵌入控制命令型监管政策工具	自我受益信息嵌入控制命令型监管政策工具
本科以下学历	调节身份认同	×	×	调节行为认同
本科学历	×	调节身份认同	调节政策认同	×
本科以上学历	×	×	调节身份认同	×
未婚及已婚无子女	×	调节身份认同和行为认同	×	×
已婚有子女	调节身份认同	×	×	×
男性	×	×	调节身份认同和政策认同	×
女性	×	×	×	调节行为认同

二、研究贡献

（一）为推进绿色消费的监管提供了创新性的研究观点

1. 数字经济时代推进绿色消费的监管从分到合，从面到点，从智能到智慧，从连接到嵌入。推进绿色消费的监管从分头监管、多方施策到形成监管合力再到形成政策合力。推进绿色消费的监管从"广撒网""面面俱到"式的监管向"对症下药""点对点"式监管转变。推进绿色消费的监管从技术赋能的智能监管到机制优化的智慧监管。推进绿色消费的监管从横向或纵向一维的连接到横纵向二维的嵌入。

本书创新性地提出了嵌入式监管政策工具的范畴。其核心要义在于：①嵌入式监管政策工具不是消费者外部干预视角（商家或政府视角）下的信息引导，而是消费者主体视角下的信息嵌入，它精准链接了目标对象真实的信息处理路径、心理机制过程和深层消费需求。②嵌入式监管政策工具不是产品实物或包装推广层面的"低关联"信息展示，而是个性化、真实性的消费决策场景和决策过程的"高关联"信息嵌入，它将监管过程下沉联结到个性化、真实性的消费决策场景和决策过程中。③嵌入式监管政策工具不是既有、固化信息内容之间的简单叠加，而是实时性、精准化信息内容的有机嵌入。自我受益信息和环境受益信息分别作为一种认知嵌入和责任嵌入，根据真实消费场景进行差异化内容定制和精准投放。④嵌入式监管政策工具不是稳定不变、一劳永逸的静态嵌入，而是持续调整、迭代优化的动态嵌入。嵌入式监管政策工具将传统监管政策工具的静态监管过程化、动态化，不断升级信息嵌入的水平和层次，使监管政策工具处于持续调整、迭代优化的过程。⑤嵌入式监管政策工具不是单向、机械式的信息传递，而是双向、互动式的信息嵌入。随着大数据、人工智能等新兴数字信息技术的发展，数字经济时代的绿色消费行为决策过程会实现对嵌入式监管政策工具及其效果的实时参与、互动和反馈，最终推动嵌入式监管走向精准性、智能化监管。

2. 嵌入式监管政策工具的分析框架是基于"工具—机制—效果"的分析框架。在此分析框架内，不仅包含监管政策工具的选择分析，还囊括监管政策工具的作用机制分析、监管政策工具的实施效果分析，以及基于作用机制与实施效果分析的对嵌入式监管政策工具的优化分析。此外，不同于其他监管领域结构化的监管政策，推进绿色消费的监管的分析对象往往是微观个体内部，需要通过挖掘监管政策工具中的心理要素，分析监管政策工具在塑造微观个体的态度与行为过程中的作用机制，以及这种微观的作用机制对监管政策工具效果的影响。

3. 嵌入式监管政策工具的选择是基于"偏好—工具"的选择路径。嵌入式监管政策工具的选择是基于二维的分析框架，既要捕捉到监管政策工具通过选择与组合不同属性的工具来影响监管对象的态度与行为，还要回答监管对象获取监管政策内涵的政策偏好，即将监管政策工具属性与监管对象的微观偏好同时纳入监管政策工具的选择过程，进行二者的匹配，并在此基础上确定不同监管政策工具间的嵌入式组合应用策略。

4. 嵌入式监管政策工具基于"启动—决策"机制过程发挥作用。 基于 ELM 理论模型（Petty 和 Cacioppo，1986）和对数字经济时代推进绿色消费及其监管新特征的洞察，本书创新性地提炼了嵌入式监管政策工具的"启动—决策"两阶段机制模型：首先启动与消费者"对话"的信息处理路径，对消费者的信息处理水平进行干预，使消费者进入信息深加工模式，再进一步干预消费者心理决策过程，"说服"消费者采取行动，这是对数字经济时代组合式监管政策工具的作用机制的深入探索。

具体来说，提炼了"启动—决策"两阶段机制模型（图 7-1）。一方面，嵌入式监管政策工具启动了与消费者的"对话"通道，这是嵌入式监管政策工具对个体态度影响的路径启动机制。通过对消费者的信息处理水平进行干预，消费者由直观考虑经济因素、心理投入度低的信息处理浅层路径（边缘路径），转向关注非经济因素、投入更多心理资源的信息处理深加工路径（中央路径）。值得注意的是，中央路径不等于非经济因素，边缘路径也不等于经济因素。只是通过中央路径进行信息处理，个体不再只是直观考虑经济因素，而是减少了对经济因素的依赖，投入了更多的心理资源（Hossain，2018），此时的决策更依赖心理认知过程的加工。另一方面，从态度到行为的转变还需要经过个体的心理加工过程，嵌入式监管政策工具通过强化个体的身份认同、突显个体的行为认同以及提升个体的政策认同来进一步干预消费者心理决策过程，"说服"消费者采取行动，这是嵌入式监管政策工具对个体行为影响的心理决策机制。嵌入式监管政策工具运用中央路径对个体行为进行干预，并且融合了信息型和结构型两种监管政策工具特征，它具备结构型监管政策工具通过降低行为成本来促进绿色购买的机制特征（经济因素），也更注重数字经济时代消费者的身份认同、行为认同和政策认同等心理机制特征（非经济因素）。特别是使原本"冷冰"的结构型监管政策工具具备了情感温度与伦理价值，有利于监管效应的高效传递。

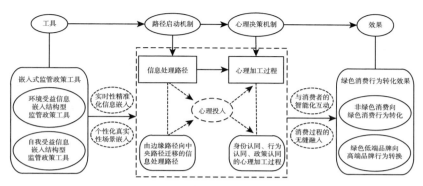

图 7-1 嵌入式监管政策工具的"启动—决策"机制模型

"启动—决策"机制模型打开了嵌入式监管政策工具的机制黑箱，也为数字经济时代推进线上绿色消费行为的监管政策工具效果研究提供了全新的解释框架。本书构建的"启动—决策"机制模型对从信息干预到态度转变的 ELM 理论模型进行了拓展：首先证实了嵌入式干预可以影响个体的信息加工路径，其次结合嵌入式监管政策工具的特征识别数字经济时代线上绿色消费行为的心理机制变量，丰富了 ELM 理论模型中的认知加工过程（ELM 理论模型中的认知加工过程仅包含个体初始态度、信息质量等变量），一定程度上增强了该理论框架的应用性与可扩展性。

（二）为推进绿色消费的监管拓展了研究视域

1. 从监管政策工具的选择到嵌入式监管政策工具的分析框架的构建。在推进绿色消费领域，以往针对监管政策工具的研究多将监管政策工具作为既定的外在干预情境，研究其对绿色消费行为的影响，往往是将其作为调节因素纳入模型，很少将监管政策工具作为自变量进行研究，忽略了监管政策工具的主体动态性。本书从监管政策工具的选择到建立嵌入式监管政策工具的"工具—机制—效果"分析框架，涵盖监管政策影响微观个体的监管设计过程——嵌入式监管政策工具的选择分析，监管政策影响微观个体的路径操作过程——嵌入式监管政策工具的机制分析，监管政策影响微观个体的行为转化过程——嵌入式监管政策工具的实施效果分析，使推进绿色消费的监管政策工具研究更具系统性。

2. 从实施效果的分析到作用机制检验与优化。在推进绿色消费领域，针对监管政策工具的实施效果的研究十分丰富，既包含单一监管政策工具的实施效果研究，也包含监管政策工具组合的实施效果研究，但是对产生效果的作用机制的研究还不多。本书不仅利用基于在线购物情景的政策模拟实验来检验嵌入式监管政策工具的实施效果，还进一步对嵌入式监管政策工具的作用机制展开探索性分析，并对作用机制进行检验，而且在实施效果和作用机制检验分析的基础上对嵌入式监管政策工具进行优化，深化并拓展了推进绿色消费的监管政策工具研究。

3. 从衡量绿色消费意愿到关注绿色消费行为转化。本书采用绿色消费行为的转化来测度嵌入式监管政策工具的实施效果，一方面避免了由于意愿并不等同于行为而导致的实施效果的评估有偏的问题；另一方面诠释了行为的层次性，捕捉到使消费行为由低阶绿色向高阶绿色转化的监管元素；此外，通过对绿色消费行为转化的衡量，也考察了嵌入式监管政策工具的"说服"力，监管者由"冷面指挥者"向"热心参谋"转变并不会损失监管的"力度"。所以，从衡量绿色消费意愿到关注绿色消费行为转化是对已有研究的进一步拓展，丰富了现有研究。

第二节　嵌入式监管政策工具应用启示与建议

一、嵌入式监管政策工具应用启示

（一）嵌入式监管政策工具实施效果的提升

1. 监管部门应响应年轻、老年消费群体诉求，关注消费公平与消费福利。在本书前部分针对嵌入式监管政策工具的作用机制的分析中，可以发现，人口统计因素对中介机制具有调节作用，尤其在不同年龄段上的表现更为明显，不同年龄段依赖的中介机制具有明显的差异性，如通过行为认同实现绿色消费行为转化最活跃的群体是 18～24 岁的年轻群体。同时，也应注意到数据统计分析之外的隐性信息，如在研究中将 45～65 岁的消费者归为一类进行数据分析，一方面是现实原因，老年群体的样本收集难度大、收集量有限，另一方面是潜在可能的原因，嵌入式监管政策工具是否真正覆盖到老年群体，这是否说明有专门针对老年群体的作用机制未被挖掘。这启发我们：嵌入式监管政策工具在实际应用中，监管部门应格外关注两类绿色消费群体，一是年轻群体，二是老年群体；前者是实现绿色消费的主力，后者可能是在推进绿色消费的过程中被忽视的群体。

对年轻群体而言，绿色消费从追求利他、利社会的道德消费的神圣目标逐渐演变成个人塑造自我、表达自我、追求品质生活的工具。尤其是近年来持续蔓延的新冠疫情促使公众重新审视自己的生活、社会以及世界，特别是年轻人开始对自我、对人与社会、对人与地球有了更多的思虑和讨论。据化妆品集团欧莱雅与公益企业 BottleDream 共同发布的后疫情时代首个中国年轻人可持续观念与行动观察报告《2020 个年轻人如何看 2030：中国年轻人"明天观"报告》调查，64.5％的年轻人希望从可持续行动中获得更好的生活品质，如更健康、舒适、快乐等[①]；90％以上的年轻人都是某种程度上的"明天合伙人"，以各种形式参与到与社会问题、可持续发展有关的行动中。其中，可持续消费（65.1％）、日常善意行动（56.8％）是他们最愿意选择和实践的行动。在回答"我想要生活在一个＿＿＿的明日星球"的填空问答时，"生态平衡"与"和而不同""包容多样性"等一道成为年轻人提到的频率最高的关键词。年轻人"向善""向绿"的消费观从个体改变到集体觉醒与行动，从"活在当下，明天再说"向"活在当下，活出明天"转变。年轻群体对健康、安全、绿色、连接（社区感）、便捷（尤其是线上）

---

① 欧莱雅、BottleDream：《2020 个年轻人如何看 2030：中国年轻人"明天观"报告》，2020 年 7 月 3 日。

有了更多的需求。嵌入式监管政策工具响应了年轻群体的需求，这使其对年轻群体的干预效果较好，但同时，年轻群体具备行为方式不稳定、价值观念不成熟的特征，嵌入式监管政策工具在应用中"求变"来响应年轻群体的"多变"，更应注意对年轻群体正确消费观念、价值观念的引导与塑造。

新冠疫情加速了社会的全面数字化，也影响了此前"数字经济聚光灯"之外的群体——老年群体。据中国互联网络信息中心的数据，目前全国网民中 50 岁及以上者占比 22.8%，接近四分之一，且增速强劲。仅 2020 年 3 月到 6 月，全国中老年网民人数就增加了 6 100 万①。根据阿里巴巴研究院《老年人数字生活报告》显示：新冠疫情期间，中国 60 岁以上的老年群体加速拥抱数字生活，老龄人口"触网"增速远超其他年龄组。老年群体消费金额在 2017—2019 年的复合增长率达到 20.9%。新冠疫情期间，老年群体消费同比增速位居第二，仅次于"00 后"。根据全国老龄工作委员会发布的报告，从 2014 年至 2050 年，我国老年人口的消费潜力将从 4 万亿元增长到 106 万亿元左右，占 GDP 的比例将增长至 33%。可见，在老年群体逐渐攀高的"触网"率下，嵌入式监管政策工具对老年群体的干预效果不及对年轻群体的干预效果理想，可能有专门针对老年群体的作用机制有待挖掘，老年群体的绿色消费行为特征需要引起监管部门的注意。

另外，老年群体活得越来越数字化，但在爆炸性的信息中常不知如何分辨真假。老年群体追随不断升级的科技，一方面享受科技给生活带来的便利，另一方面又不得不面对科技引发的各种问题。监管部门是否要有专门应对老年群体诉求的监管政策工具设计，以方便老年群体进行线上绿色消费，推动老年群体更有意愿、更有能力参与绿色消费，这也是数字经济时代嵌入式监管政策工具存在的意义。针对不同的群体特征设计相应的监管政策工具，不仅关注施

---

① 江帆：《3 个月激增 6 100 万中老年网民，奔腾的"前浪"值得敞怀拥抱》，《浙江日报》，2020 年 12 月 10 日，第 3 版。

策的结果，也关注消费者的公平性、消费者的福利问题，发现消费者的"和而不同"，去实现"美美与共"的绿色消费，使监管手段与监管效果具有可持续性。

2. 监管部门应挖掘契合消费者价值与诉求的绿色产品属性，增进供需匹配。在嵌入式监管政策工具实施效果分析中，可知自我受益信息的嵌入增加了消费者的行为认同，在实验中提供的自我受益信息是关于产品的绿色属性能够为消费者带来的好处。可见，对绿色产品属性的深入挖掘，一方面可以增强嵌入式监管政策工具的效果；另一方面，站在政府监管的角度，要推进绿色消费必然要使供需匹配，促进底层动力机制的生成，而不能仅依靠外在的强制或经济激励手段。绿色产品是供需两端的连接点，也是底层动力机制的生成条件。不同种类的绿色产品需要不同的绿色属性，绿色属性要与消费者价值、消费者诉求相结合（Dangelico 和 Pujari，2010）。数字经济时代的绿色产品属性必然与以往有所差别。

一般而言，传统产品从产品的基本属性、技术属性、经济属性等方面满足消费者，解决的是"该产品是否解决了我的问题""与其他产品相比，该产品是否更具优势"等"有没有""好不好"的问题，满足消费者对产品价格、质量、品种、功能等产品方面的诉求。绿色产品在此基础上增加了绿色技术属性、能源属性、资源属性、环境属性。绿色技术属性是指生产企业的绿色投入主要聚焦在哪方面，是面向生产、面向购买使用，还是面向回收处理，换言之，是对应于生产绿色、购买绿色、使用绿色，还是处置绿色。能源、资源、环境属性是指生产企业主要聚焦哪类环境问题，是聚焦能源的节约、资源的有效利用还是防止污染，分别对应于节能型绿色产品、资源型绿色产品、环保型绿色产品。绿色产品相比于传统产品，可以满足消费者的环境价值诉求，解决的是"环不环保"的问题。在数字经济时代，绿色产品不再限于满足消费者单一维度的环保诉求，随着数字经济时代的绿色生产越来越数字化、智能化、定制化，网络协同制造、与用户对接交互成为绿色生产企业的发展趋势，绿色产品的绿色属性特征向多维立体化方向拓展，旨在满足消费者多样化的绿色消费需求。这主要表现在绿色产品的社会属性上，社会属性是指消费者的绿色产品诉求，消费者购买绿色产品不再只关心"环不环保"，而开始关注绿色产品的"品质"，体现消费者的自我价值等诉求（表7-2）。

表7-2 数字经济时代绿色产品的变化

产品维度	传统产品	绿色产品	数字经济时代的绿色产品
产品属性	基本属性、经济属性、技术属性	基本属性、经济属性、绿色技术属性、能源属性、资源属性、环境属性	基本属性、经济属性、绿色技术属性、能源属性、资源属性、环境属性、社会属性
产品特点	解决"有没有""好不好"的问题	解决"环不环保"的问题	解决"品质如何"的问题
主要竞争因素	满足消费者对产品价格、质量、品种、功能等诉求	满足消费者对产品价格、质量、品种、功能、环境价值等诉求	满足消费者对产品价格、质量、品种、功能、环境价值、自我价值等诉求

来源：作者整理。

以往对绿色消费行为进行监管干预时，主要的监管干预思路是突出绿色消费行为的道德层面，强调尽管绿色产品可能价格相对高、质量并不高（Borau 等，2020），但是进行绿色消费是利他、利社会、利环境的行为，是"与人为善"式的绿色消费，而忽视了购买绿色产品也主要源于绿色产品的绿色属性的自利层面，是要"为我所用"的绿色消费。嵌入式监管政策工具通过嵌入基于数字经济时代绿色产品属性的自我受益信息，达到了良好的行为干预效果，已充分说明"为我所用"或为驱动绿色消费的重要因素之一，也说明对绿色产品属性变迁的把握。能否充分将绿色属性与消费者价值、消费者诉求相结合，是这一干预方式能否发挥作用的关键点。此外，嵌入式监管政策工具仍需要识别数字经济时代智能产品的绿色化路径和捕捉绿色化过程中呈现的绿色消费新需求。

3. 监管部门应借力数字技术营造绿色生态体系，实现消费者、企业、社会的共益共赢。 数字经济时代推进绿色消费的监管必然是一场"数战数决"的战役，监管部门必然要充分利用数字技术"借势而进"，以大数据为捕手，更加精准、高效地推进绿色消费。本书的嵌入式监管政策工具通过嵌入第三方平台与消费者决策过程建立链接，一方面，平台用户为监管部门带来了巨量的消费者数据，监管部门利用这些数据可以不断打磨监管政策工具；另一方面，监管部门利用积累的关于消费者——需求端的一手数据，通过监管反向赋能供给端，在激发供需两端交互方面更加有的放矢。

这场战役也绝不是监管部门的独角戏，需要监管部门与数字经济下各新兴主体密切配合，是握指成拳、破壁共享的互动过程。绿色消费是社会共创的结果。监管部门要"顺势而为"，促进绿色生态体系的形成，最终让消费者、企业和社会在共创、共享中实现共益和共赢。而在这一过程中，监管主体责任的划分、监管责任机制的设定、监管的强度和边界如何把控等监管问题，都是随着嵌入式监管政策工具嵌入程度的加深所需要进一步思考的现实问题，以助力监管部门从"借技术之势"向"顺机制之势"转变。

（二）嵌入式监管政策工具实施机制的优化

工欲善其事，必先利其器。监管理念的革新、机制优化、工具创新等是支撑嵌入式监管政策工具的核心。就监管机制而言，监管机制优化不是纯粹手段层面的"变戏法"，而是沿着新的价值链条进入目标和价值层面的求索。数字经济"赋新""跨界""连接"等新兴时代元素的出现，使推进绿色消费的监管机制也必将具有时代的烙印，充分体现数字价值。本部分就嵌入式监管政策工具实施机制的优化展开论述。嵌入式监管政策工具可以遵循"多维—动态—决策"的价值链条进行实施机制优化，具体阐述如下。

1. 从多元协同机制到多维整合机制。 多维整合机制打破多元监管主体的思维限制，解决"平行协同"的问题，以监管元素为单位，将主体协同跃迁到元素的多维度整合，从监管部门、监管过程、监管政策工具、消费者、消费过程等多维度进行跨边界的交叉整合，使一系列监管元素从分到合，建立彼此的连接点，最大化地释放监管的张力，核心是如何建立连接的问题。举例来说，监管部门如何利用数字平台进行监管，显然不能仅是监管主体间监管边界的划分，而是监管部门如何与数字平台建立连接，进而与消费者建立起连接，如依托数字平台创新监管政策工具的表现形式并结合消费者平台消费的消费特点，对消费者的消费过程进行实时干预，这是一种嵌入式连接。

2. 从信息沟通机制到动态助推机制。 在推进绿色消费的嵌入式监管中，监管部门与公众之间的信息沟通机制优化为两种机制的组合，分别是动态调整机制和行为助推机制。前者指完善信息沟通的方式方法，增加信息沟通的情境性和对象性，做到信息沟通的定制化。人工智能、大数据等数字化技术对消费者偏好的识别越来越精准，纷繁夺目的各类场景化应用也层出不穷，在这样的背景下，嵌入式监管政策工具是对消费情境的载入，需要监管部门依据不同的情境和消费者的差异性对同消费者的沟通方式和内容进行动态调整、定制化的匹配。后者指提升信息沟通的作用范围，将信息沟通提升为一种助推行为转变的方式。嵌入式监管政策工具在某种意义上是传统监管政策工具的信息化表达。

3. 从公众参与机制到决策协同机制。 公众参与机制常与反馈机制相联系，完善公众参与的形式、渠道，可以为后续监管政策工具优化、监管政策效果的实现提供预判和反馈，有助于形成从监管政策制定到监管政策评估再到监管政策改进的循环往复，归根结底，公众参与机制是局限在监管决策层面的循环。嵌入式监管政策工具的公众参与机制的优化在于将这种循环拓展至消费者决策层面，形成决策协同。嵌入式监管政策工具是直接深入到线上消费者决策过程的干预，扮演消费者决策的"参谋"角色，而不是"指挥官"角色，旨在帮助消费者做出最优决策。基于互联网、数字技术，消费者的决策过程可以被监管部门捕捉，消费者的决策结果是对监管效果的实时反馈，监管部门在此基础上进行监管决策优化，优化后的监管决策将更有效地指导消费者决策，从而将散点化、碎片化的民意表达演变为集约化的决策协同模式。

二、嵌入式监管政策工具应用建议

1. 基于嵌入式监管政策工具的实施效果进行组合施策。根据本书的实证研究结果，应关注信息嵌入在组合施策中的作用，它对控制命令型和经济激励型监管政策工具有相互促进的作用效果，信息的嵌入放大了经济激励的效果，也缓释了控制命令的负面影响。在推进绿色消费的监管实践中，可以利用信息嵌入的这一特点，加强信息型监管政策工具与控制命令型、经济激励型监管政策工具的组合使用。同时，还要关注监管政策工具组合的形式，不是两种监管政策工具的简单叠加使用，而是基于数字经济时代的消费情境对消费过程的嵌入，是对消费者决策过程的干预，属于事中监管。

2. 基于嵌入式监管政策工具的心理机制进行精细施策。通过对嵌入式监管政策工具的作用机制的分析，一方面说明嵌入式监管政策工具响应了数字经济时代消费者的诉求，另一方面也说明与传统监管政策工具相比，数字经济时代推进绿色消费的监管政策工具的创新方向是关注非经济因素的作用，身份认同、行为认同、政策认同等都是达成监管效果的重要的机制路径。而且，不同机制路径在实现绿色消费行为的转化上具有层次性。例如，信息嵌入的经济激励型监管政策工具促使更多的消费者由绿色低端品牌向绿色高端品牌转换，促使绿色消费行为向更高阶版本演进——由浅绿色向深绿色转化。在监管实践中，可以据此设计更精细的监管政策工具方案，分别针对非绿色、浅绿色消费行为进行精细施策。

3. 基于嵌入式监管政策工具发挥作用的不同目标群体特征进行精准施策。本书通过实证得出，不同类型的嵌入式监管政策工具发挥作用的群体是有差异的，源于不同群体实现消费行为转化所依赖的中介机制有差异。在实践中，应根据不同的群体特征进行差异化监管，提升监管的精准度，提高监管效率。例如，针对本科学历的 35～44 岁的男性消费者，可以利用激发其政策认同的信息嵌入式控制命令型监管政策工具使其转变非绿色消费行为。此外，不同价值观特质的消费者对不同监管政策的敏感性是不同的，这种群体类别划分的识别变量为精准施策提供了新的思路。政策制定和实施者可以为具有利他价值观的消费者突显绿色认证的相关政策信息；为具有利己价值观且年龄偏小、收入偏低的消费者减少行为控制型的政策信息呈现，更多地提供消费的环境受益信息；为具有利生态价值观的消费者先提供绿色产品购置补贴的相关政策信息，再提供绿色产品认证的相关政策信息。

4. 降低绿色消费的成本，加强社会规范的引导。 嵌入式监管政策工具的有效使用还需要非正式制度的辅助。在嵌入式监管政策工具的选择分析部分，本书实证得出消费者确实偏好非强制型的监管政策工具。De Groot 和 Schuitema（2012）认为强制型政策不被消费者接受的主要原因来源于两方面：一是强制型政策针对的是高成本行为，二是针对这一行为的社会规范较弱。而当强制型政策针对的是低成本行为且相应的社会规范又较为成熟时，强制型政策几乎与非强制型政策一样被消费者所接受。Diekmann（2003）认为绿色消费领域中循环利用和购买购置行为属于低成本行为，而能源使用和绿色出行行为属于高成本行为，并通过在德国慕尼黑和瑞士伯恩的实证检验得出：循环利用和购买购置行为相比于另两个高成本行为，与环境意识的关联性更强，即低成本绿色行为的社会规范感更强。结合本书的研究结果，针对绿色产品的购买，消费者最为偏好非强制的经济激励型监管政策，从某种程度上说，在我国绿色产品的购买还属于高成本行为，普遍的社会规范还未形成。政府部门除了应加快绿色理念在生产端和消费端的同时推进外，还应该将绿色理念融入公共服务，降低绿色消费的成本，营造崇尚绿色消费的社会氛围。

5. 充分利用个体价值观对监管政策偏好的影响，选用合适的监管政策信息唤醒个体价值观。 本书验证了具有不同价值观的消费者对不同监管政策信息的敏感性是不同的（De Groot 和 Steg，2007），且与传统的认知会有差异。比如具有利己价值观的消费者更在乎对自身行为控制的程度；具有利生态价值观的消费者更关注针对绿色产品购买的补贴属性，然后才关注绿色产品认证属性。这种价值观与政策偏好的不一致也越来越得到学者的关注（Borgstede 等，2014）。即使那些具有利生态价值观的个体在做政策选择时也强调个人收益（Hansla 等，2013），所以如何用合适的监管政策信息激活利生态价值观显得尤为重要（Verplanken 和 Holland，2002）。在实践中，不仅要意识到消费者价值观的多样性，开发多种监管政策信息以匹配这种多样性；还要侧重价值观的引导与培养，如树立利生态价值观；同时，监管政策信息要能够唤醒利生态价值观，而唤醒利生态价值观的监管政策信息未必要规避自我受益信息。

第三节 研究局限与展望

一、研究局限

本书存在一些研究局限，主要体现在以下几个方面。①在监管政策偏好的调研中并没有指定特定的绿色产品类型，特定的绿色产品类型可能会影响受访者的监管政策偏好选择，有些产品类型更容易放进利己或利他等信息框架下，如新能源汽车。②本书的信息提示监管政策属性呈现的方式还只是信息认知层面，后续研究可以继续深入研究信息的其他表现形式，如图片、分享互动等，因为不同的信息呈现对消费者的主观感受是不同的。③本书只是针对绿色消费中的绿色购买行为展开研究，没有涉及使用消费环节、废弃处理环节。在绿色消费领域中，消费者的行为改变表现在很多层面上（Stern，2000）。其中一些行为是一次性决策的结果，行为频繁，具有重复性，如日常购买消费品、日常使用行为（节水、节电行为等）、废物处理等，其他行为也会重复，但频率较低（设备维护、购置等）。后续研究可以继续向其他绿色消费行为层面拓展。④受多方面因素影响，针对嵌入式监管政策工具的实施效果研究的样本量有限，后续研究可以进一步将样本量扩大。同时，可以进一步进行纵向研究，因为监管政策工具间的相互作用是有时间框架的，通过纵向研究来检验相互作用是否随时间变化而变化。⑤本书的嵌入式监管政策工具是将信息型监管政策工具嵌入结构型监管政策工具中，但是信息的干预是否要有一定限度，以避免因为过度的信息干预造成"可持续消费悖论"而减少绿色行为（Longo，2019），还有待研究验证。

二、研究展望

推进绿色消费是一个长期的、复杂的过程，也是一个不断学习和演化的过程，当前新经济、新技术、新商业、新消费等不断涌现，对绿色消费提出了新的挑战，推进绿色消费的监管的相关研究理应迎接新挑战，顺应时代发展趋势。例如，绿色消费有从个体消费到社群消费演变的趋势，而目前的研究多将消费者作为个体（本书也不例外）而不是作为群体进行研究，今后消费者可能会更多地以群体成员的身份对监管部门的干预进行回应，所以未来应重视针对绿色社群的监管研究。

此外，数字经济时代推进绿色消费的监管比以往更贴近消费者的决策过程，所以嵌入式监管政策工具考虑了消费者的可接受性，但是追求监管政策工具的可接受性是否意味着要丧失部分有效性，这个度如何把握，需要未来更深入的研究去解决。

嵌入式监管政策工具是一套信息型与结构型监管政策工具进行嵌入式组合的复合型工具，它的作用的发挥实际上依赖两种类型监管政策工具的相互作用，体现监管政策工具合力。其中，结构型监管政策工具形成强磁场，而信息型监管政策工具是引擎。本书实证得出，嵌入式监管政策工具通过路径启动机制（中央处理路径启动）规避了单一结构型监管政策工具由于激励没有符合消费者预期、对行为的限制反而增加了行为成本等对行为发生可能存在的潜在的负面影响，通过投入更多心理资源的信息深加工模式对行为产生影响。但是，组合中的结构型监管政策是否也存在一个度，如果超过这个度则路径启动机制也无法启动，所以还会存在消费者选择"放弃本次购买"的情况，而不是转变为购买绿色产品，这些研究问题有待后续研究进一步验证。

参 考 文 献

巴曙松，魏巍，白海峰，2020. 基于区块链的金融监管展望：从数据驱动走向嵌入式监管 [J]. 山东大学学报（哲学社会科学版）(4)：161 - 173.

陈春花，2019. 数字化时代企业家需要根本性调整，不能再用原有的经验 [J]. 企业观察家 (11)：84 - 87.

陈剑，黄朔，刘运辉，2020. 从赋能到使能：数字化环境下的企业运营管理 [J]. 管理世界，36 (2)：117 - 128，222.

陈凯，郭芬，赵占波，2013. 绿色消费行为心理因素的作用机理分析：基于绿色消费行为心理过程的研究视角 [J]. 企业经济，32 (1)：124 - 128.

陈凯，赵占波，2015. 绿色消费态度：行为差距的二阶段分析及研究展望 [J]. 经济与管理，29 (1)：19 - 24.

陈启杰，楼尊，2001. 论绿色消费模式 [J]. 财经研究 (9)：25 - 31.

陈叶烽，叶航，汪丁丁，2012. 超越经济人的社会偏好理论：一个基于实验经济学的综述 [J]. 南开经济研究 (1)：63 - 100.

陈叶烽，周业安，宋紫峰，2011. 人们关注的是分配动机还是分配结果：最后通牒实验视角下两种公平观的考察 [J]. 经济研究，46 (6)：31 - 44.

丹尼尔·F. 史普博，1999. 管制与市场 [M]. 上海：上海人民出版社.

邓颖，徐富明，李欧，等，2016. 社会偏好中的框架效应 [J]. 心理科学进展，24 (4)：622 - 632.

杜丹清，2017. 互联网助推消费升级的动力机制研究 [J]. 经济学家 (3)：48 - 54.

冯辉，2012. 论"嵌入式监管"：金融监管的理念创新及制度应用 [J]. 政治与法律 (8)：30 - 38.

顾雁琼，2016. 智慧监管在药品安全领域的应用 [J]. 科技经济导刊 (22)：2.

韩娜，2015. 消费者绿色消费行为的影响因素和政策干预路径研究 [D]. 北京：北京理工大学.

韩文龙，2020. 数字经济中的消费新内涵与消费力培育 [J]. 福建师范大学学报（哲学社会科学版）（5）：98-106，170.

韩晓莉，2015. 大数据时代环境治理信息性政策工具的元工具性探讨 [J]. 社会科学家（11）：66-70.

何枭吟，2005. 美国数字经济研究 [D]. 长春：吉林大学.

洪海，郑秋枫，2017. 助力"智慧监管"构建食品药品协同监管信息平台 [J]. 信息化建设（10）：50-53.

洪银兴，2001. 新经济的经济学分析 [J]. 江海学刊（1）：11-16.

胡仙芝，吴文征，2016. 善用"互联网＋"提升政府善治能力 [J]. 前线（12）：54-56.

黄果，2018. 智慧监管关键路径的几点思考 [J]. 中国信息化（5）：8-11.

黄璜，2016. 微政务：一种嵌入式的治理初探 [J]. 行政论坛，23（6）：42-46.

加里·S. 贝克尔，1995. 人类行为的经济学分析 [M]. 上海：上海人民出版社.

蒋洪伟，韩文秀，2000. 绿色供应链管理：企业经营管理的趋势 [J]. 中国人口·资源与环境（4）：92-94.

金通，朱晓艳，郑凌浩，2017. "互联网＋"下的出租车：市场演化与嵌入式监管 [J]. 财经论丛（10）：107-113.

孔孟儒，2015. 数字网络环境下准公共信息产品供给问题研究 [D]. 马鞍山：安徽工业大学.

黎建新，2001. 消费的外部性分析 [J]. 消费经济（5）：54-56.

李国栋，罗瑞琦，谷永芬，2019. 政府推广政策与新能源汽车需求：来自上海的证据 [J]. 中国工业经济（4）：42-61.

李路，2018. 数字经济条件下的经济运行及其规律 [J]. 中国电子科学研究院学报，13（2）：223-226.

李献士，2016. 政策工具对消费者环境行为作用机理研究 [D]. 北京：北京理工大学.

李迅，刘琰，2011. 中国低碳生态城市发展的现状、问题与对策 [J]. 城市规划学刊（4）：23-29.

李长江，2017. 关于数字经济内涵的初步探讨 [J]. 电子政务（9）：84-92.

刘建义，2019. 大数据驱动政府监管方式创新的向度 [J]. 行政论坛，26（5）：102-108.

刘鹏，2009. 西方监管理论：文献综述和理论清理［J］. 中国行政管理（9）：11-15.

罗思洁，2018. 利用大数据进行"环境智理"［J］. 人民论坛（23）：74-75.

马香品，2020. 数字经济时代的居民消费变革：趋势、特征、机理与模式［J］. 财经科学（1）：120-132.

孟筱筱，2020. 人工智能时代的风险危机与信任建构：基于风险理论的分析［J］. 郑州大学学报（哲学社会科学版），53（5）：120-125.

那艺，贺京同，2019. 行为经济学的兴起及其与新古典经济学关系的演变［J］. 中国社会科学（5）：60-77.

乔治·J. 施蒂格勒，1989. 产业组织和政府管制［M］. 上海：上海三联书店.

盛光华，龚思羽，解芳，2019. 中国消费者绿色购买意愿形成的理论依据与实证检验：基于生态价值观、个人感知相关性的 TPB 拓展模型［J］. 吉林大学社会科学学报，59（1）：140-151，222.

盛洪，1998. 道德·功利及其他［J］. 读书（7）：119-126.

石明明，江舟，周小焱，2019. 消费升级还是消费降级［J］. 中国工业经济，（7）：42-60.

斯蒂格里茨，1988. 政府经济学［M］. 北京：春秋出版社.

宋德勇，卢忠宝，2009. 我国发展低碳经济的政策工具创新［J］. 华中科技大学学报（社会科学版），23（3）：85-91.

孙敬水，2002. 全新的企业管理理念：绿色管理［J］. 科学学与科学技术管理（8）：100-102.

孙翔，盛永龙，汪璐，2019. 基于"互联网＋"的营销业务创新［J］. 中国电力企业管理（32）：34-35.

孙晓华，徐帅，2018. 政府补贴对新能源汽车购买意愿的影响研究［J］. 大连理工大学学报（社会科学版），39（3）：8-16.

王晨，2019. 坚持互利共赢 创造数字未来：在 2019 中国国际大数据产业博览会开幕式上的讲话［J］. 中国人大（13）：18-19.

王建明，贺爱忠，2011. 消费者低碳消费行为的心理归因和政策干预路径：一个基于扎根理论的探索性研究［J］. 南开管理评论，14（4）：80-89，99.

王建明，王俊豪，2011. 公众低碳消费模式的影响因素模型与政府管制政策：基于扎根理论的一个探索性研究［J］. 管理世界（4）：58-68.

王俊豪，2001. 政府管制经济学导论：基于理论及其在政府管制实践中的应用 [M]. 北京：商务印书馆.

王俊豪，2014. 管制经济学原理 [M]. 北京：高等教育出版社.

王琴，2001. 利用情感需求提高顾客转移的心理成本 [J]. 外国经济与管理（9）：37 - 40.

乌家培，2000. 网络经济及其对经济理论的影响 [J]. 学术研究（1）：4 - 10.

吴波，李东进，王财玉，2016. 基于道德认同理论的绿色消费心理机制 [J]. 心理科学进展，24（12）：1829 -1843.

邢华，邢普耀，2018. 大气污染纵向嵌入式治理的政策工具选择：以京津冀大气污染综合治理攻坚行动为例 [J]. 中国特色社会主义研究（3）：77 - 84.

薛迪安，黄湘萌，2017. 用户参与社区化分享经济的动因：以闲鱼兴趣鱼塘为例 [J]. 现代营销（下旬刊）（9）：239 - 240.

杨炳霖，2014. 监管治理体系建设理论范式与实施路径研究：回应性监管理论的启示 [J]. 中国行政管理（6）：47 - 54.

杨婧娴，2019. 中国数字经济国际化发展的政府参与 [D]. 北京：北京外国语大学.

叶航，2000. 越超经济理性的人类道德 [J]. 经济学家（5）：79 - 83.

亦多，勾犇，2017. "智慧"监管机制 [J]. 农村·农业·农民（A 版）（5）：9.

于小强，2010. 低碳消费方式实现路径分析 [J]. 消费经济，26（4）：80 - 82.

袁方成，李会会，2020. "同意的治理"：理解政策认同的实践逻辑 [J]. 探索（3）：142 - 155.

张伯超，沈开艳，2018. "一带一路"沿线国家数字经济发展就绪度定量评估与特征分析 [J]. 上海经济研究（1）：94 - 103.

张峰，刘璐璐，2020. 数字经济时代对数字化消费的辩证思考 [J]. 经济纵横（2）：45 - 54.

张康之，向玉琼，2015. 网络空间中的政策问题建构 [J]. 中国社会科学（2）：123 - 138，205.

张雅静，胡春立，2016. 消费模式绿色化的协同推进机制研究 [J]. 科学技术哲学研究，33（3）：100 - 104.

赵金亮，杨丽梅，2010. 当代我国可持续消费问题研究综述 [J]. 河南社会科学，18（1）：72 - 75.

赵让，2010. 感知能耗 智慧监管：基于物联网的数字化能源监管系统 [J]. 中国教育信息化（17）：17.

郑石明，2016. 大数据在环境政策分析中的应用研究 [J]. 湖南社会科学（6）：7－12.

植草益，1992. 微观经济学 [M]. 北京：中国发展出版社.

周国梅，李霞，2012. 以可持续消费促进绿色转型 [J]. 环境保护（11）：16－19.

朱成钢，2006. 绿色消费驱动下的绿色营销策略及其启示 [J]. 商业经济与管理（11）：48－51.

朱庆华，窦一杰，2011. 基于政府补贴分析的绿色供应链管理博弈模型 [J]. 管理科学学报，14（6）：86－95.

朱岩，石言，2019. 数字经济的要素分析 [J]. 清华管理评论（Z2）：24－29.

Abrahamse W，Steg L，Vlek C，et al.，2005. A review of intervention studies aimed at household energy conservation [J]. Journal of Environmental Psychology，25（3）：273－291.

Abrahamse W，Steg L，Vlek C，et al.，2007. The effect of tailored information，goal setting，and tailored feedback on household energy use，energy-related behaviors，and behavioral antecedents [J]. Journal of Environmental Psychology，27（4）：265－276.

Ahvenharju S，2019. Potential for a radical policy-shift：The acceptability of strong sustainable consumption governance among elites [J]. Environmental Politics，29（1）：134－154.

Akenji L，2014. Consumer scapegoatism and limits to green consumerism [J]. Journal of Cleaner Production，63：13－23.

Allcott H，Rogers T，2014. The short-run and long-run effects of behavioral interventions：experimental evidence from energy conservation [J]. American Economic Review，104（10）：3003－3037.

Amatulli C，De Angelis M，Peluso A M，et al.，2017. The effect of negative message framing on green consumption：An investigation of the role of shame [J]. Journal of Business Ethics，157（4）：1111－1132.

Ariely D，Bracha A，Meier S，2009. Doing good or doing well：image motivation and monetary incentives in behaving prosocially [J]. American Economic Review，99（1）：544－555.

Arpan L M, Xu X, Raney A A, et al. , 2018. Politics, values, and morals: Assessing consumer responses to the framing of residential renewable energy in the United States [J]. Energy Research & Social Science, 46: 321 - 331.

Asensio O I, Delmas M A, 2015. Nonprice incentives and energy conservation [J]. Proc Natl Acad Sci USA, 112 (6): E510 - 515.

Ayres I, Raseman S, Shih A, 2012. Evidence from two large field experiments that peer comparison feedback can reduce residential energy usage [J]. Journal of Law, Economics, and Organization, 29 (5): 992 -1022.

Bamberg S, 2013. Changing environmentally harmful behaviors: A stage model of self-regulated behavioral change [J]. Journal of Environmental Psychology, 34: 151 - 159.

Baron R M, Kenny D A, 1986. The moderator-mediator variable distinction in social psychological research Conceptual, strategic, and statistical considerations [J]. Journal of Personality and Social Psychology, 51 (6): 1173 - 1182.

Benabou R, Tirole J, 2006. Incentives and prosocial behavior [J]. The American Economic Review, 96 (5): 1652 - 1678.

Bengtsson M, Alfredsson E, Cohen M, et al. , 2018. Transforming systems of consumption and production for achieving the sustainable development goals: Moving beyond efficiency [J]. Sustain Sci, 13 (6): 1533 - 1547.

Bergquist M, Nilsson A, Schultz W P, 2019. A meta-analysis of field-experiments using social norms to promote pro-environmental behaviors [J]. Global Environmental Change, 59.

Bjørner T B, Hansen L G, Russell C S, 2004. Environmental labeling and consumers' choice: an empirical analysis of the effect of the Nordic Swan [J]. Journal of Environmental Economics and Management, 47 (3): 411 - 434.

Borau S, Elgaaied - Gambier L, Barbarossa C, 2020. The green mate appeal: Men's pro - environmental consumption is an honest signal of commitment to their partner [J]. Psychology & Marketing.

Bowles S, Hwang S H, 2008. Social preferences and public economics: Mechanism design when social preferences depend on incentives [J]. Journal of Public Economics, 92 (8): 1811 - 1820.

Boxall P C, Adamowicz W L, 2002. Understanding heterogeneous preferences in random utility models: a latent class approach [J]. Environmental and Resource Economics, 23 (4): 421 – 446.

Brenčič V, Young D, 2009. Time-saving innovations, time allocation, and energy use: Evidence from Canadian households [J]. Ecological Economics, 68 (11): 2859 – 2867.

Chandra A, Gulati S, Kandlikar M, 2010. Green drivers or free riders: An analysis of tax rebates for hybrid vehicles [J]. Journal of Environmental Economics and Management, 60 (2): 78 – 93.

Corradini M, Costantini V, Markandya A, et al., 2018. A dynamic assessment of instrument interaction and timing alternatives in the EU low-carbon policy mix design [J]. Energy Policy, 120: 73 – 84.

Dal Bó E, Terviö M, 2013. Self-Esteem, Moral capital, and wrongdoing [J]. Journal of the European Economic Association, 11 (3): 599 – 663.

Del Río P, 2013. On evaluating success in complex policy mixes: the case of renewable energy support schemes [J]. Policy Sciences, 47 (3): 267 – 287.

Demarque C, Charalambides L, Hilton D J, et al., 2015. Nudging sustainable consumption: The use of descriptive norms to promote a minority behavior in a realistic online shopping environment [J]. Journal of Environmental Psychology, 43: 166 – 174.

Dickinson D, Villeval M C, 2008. Does monitoring decrease work effort [J]. Games and Economic Behavior, 63 (1): 56 – 76.

Diekmann A, Preisendrfer P, 2003. Green and Greenback: The Behavioral Effects of Environmental Attitudes in Low-Cost and High-Cost Situations [J]. Rationality and Society, 15 (4): 441 – 472.

Dolan P, Metcalfe R, 2013. Neighbors, knowledge, and nuggets: Two natural field experiments on the role of incentives on energy conservation [J].

Drews S, Van den Bergh, Jeroen C J M, 2016. What explains public support for climate policies: A review of empirical and experimental studies [J]. Climate Policy, 16 (5 – 8): 1 – 22.

Ducarroz C, Yang S, Greenleaf E A, 2016. Understanding the impact of in-process promotional messages: an application to online auctions [J]. Journal of Marketing, 80 (2): 80 – 100.

Eppel S, Sharp V, Davies L, 2013. A review of Defra's approach to building an evidence base for influencing sustainable behaviour [J]. Resources, Conservation and Recycling, 79: 30 - 42.

Eriksson L, Garvill J, Nordlund A M, 2006. Acceptability of travel demand management measures: The importance of problem awareness, personal norm, freedom, and fairness [J]. Journal of Environmental Psychology, 26 (1): 15 - 26.

Falk A, Kosfeld M, 2006. The hidden costs of control [J]. The American Economic Review: 1611 - 1630.

Ferraro P J, Miranda J J, Price M K, 2011. The persistence of treatment effects with norm-based policy instruments: Evidence from a randomized environmental policy experiment [J]. American Economic Review, 101 (3): 318 - 322.

Ferraro P J, Price M K, 2013. Using nonpecuniary strategies to influence behavior: evidence from a large-scale field experiment [J]. Review of Economics and Statistics, 95 (1): 64 - 73.

Frederiks E, Stenner K, Hobman E, 2015. The socio-demographic and psychological predictors of residential energy consumption: A comprehensive review [J]. Energies, 8 (1): 573 - 609.

Frey B S, Jegen R, 2001. Motivation crowding theory [J]. Journal of Economic Surveys, 15 (5): 589 - 611.

Fuchs D A, Lorek S, 2005. Sustainable consumption governance: A history of promises and failures [J]. Journal of Consumer Policy, 28 (3): 261 - 288.

Görling T, Schuitema G, 2007. Travel demand management targeting reduced private car use effectiveness, public acceptability and political feasibility [J]. Journal of Social Issues, 63 (1): 139 - 153.

Gazzola P, Colombo G, Pezzetti R, et al. , 2017. Consumer empowerment in the digital economy: availing sustainable purchasing decisions [J]. Sustainability, 9 (5).

Gershoff A D, Frels J K, 2015. What makes it green: The role of centrality of green attributes in evaluations of the greenness of products [J]. Journal of Marketing, 79 (1): 97 - 110.

Gevrek Z E, Uyduranoglu A, 2015. Public preferences for carbon tax attributes

[J]. Ecological Economics, 118: 186 - 197.

Goeschl T, Perino G, 2011. Instrument choice and motivation: evidence from a climate change experiment [J]. Environmental and Resource Economics, 52 (2): 195 - 212.

Greening L A, Greene D L, Difiglio C, 2000. Energy effciency and consumption-the rebound elect-a survey [J]. Energy Policy, 28: 389 - 401.

Griskevicius V, Tybur J M, Van den Bergh B, 2010. Going green to be seen: status, reputation, and conspicuous conservation [J]. J Pers Soc Psychol, 98 (3): 392 - 404.

Guha A, Biswas A, Grewal D, et al. , 2018. An empirical analysis of the joint effects of shoppers' goals and attribute display on shoppers' evaluations [J]. Journal of Marketing, 82 (3): 142 - 156.

Hansla A, 2011. Value orientation and framing as determinants of stated willingness to pay for eco-labeled electricity [J]. Energy Efficiency, 4 (2): 185 - 192.

Hansla A, Görling T, Biel A, 2013. Attitude toward environmental policy measures related to value orientation [J]. Journal of Applied Social Psychology, 43 (3): 582 - 590.

Harmelink M, Nilsson L, Harmsen R, 2008. Theory-based policy evaluation of 20 energy efficiency instruments [J]. Energy Efficiency, 1 (2): 131 - 148.

Hausman J, McFadden D, 1984. Specification Tests for the multinomial logit model [J]. Econometrica, 52 (5): 1219 - 1240.

Heiskanen E, Mont O, Power K, 2013. A map is not a territory: making research more helpful for sustainable consumption policy [J]. Journal of Consumer Policy, 37 (1): 27 - 44.

Heller M H, Vatn A, 2017. The divisive and disruptive effect of a weight-based waste fee [J]. Ecological Economics, 131: 275 - 285.

Heyes A, Kapur S, 2011. Regulating altruistic agents [J]. Canadian Journal of Economics, 44 (1) 1: 227 -246.

Hobson K, 2002. Competing discourses of sustainable consumption: Does the'rationalisation of lifestyles' make sense [J]. Environmental Politics, 11 (2): 95 -120.

Homonoff T A, 2018. Can small incentives have large effects: The impact of taxes versus bonuses on disposable bag use [J]. American Economic Journal: Economic Policy, 10 (4): 177 - 210.

Horne R E, 2009. Limits to labels: The role of eco-labels in the assessment of product sustainability and routes to sustainable consumption [J]. International Journal of Consumer Studies, 33 (2): 175 - 182.

Hossain M T, 2018. How cognitive style influences the mental accounting: System role of analytic versus holistic thinking [J]. Journal of Consumer Research, 45 (3): 615 - 632.

Howlett M, 2004. (Not so) " Smart regulation ": Canadian shellfish aquaculture policy and the evolution of instrument choice for industrial development [J]. Marine Policy, 28 (2): 171 - 184.

Howlett M, 2017. Beyond good and evil in policy implementation: Instrument mixes, implementation styles, and second generation theories of policy instrument choice [J]. Policy and Society, 23 (2): 1 - 17.

Hoyos D, 2010. The state of the art of environmental valuation with discrete choice experiments [J]. Ecological Economics, 69 (8): 1595 - 1603.

Hummel D, Maedche A, 2019. How effective is nudging: A quantitative review on the effect sizes and limits of empirical nudging studies [J]. Journal of Behavioral and Experimental Economics, 80: 47 - 58.

Imai K, Keele L, Tingley D, 2010. A general approach to causal mediation analysis [J]. Psychol Methods, 15 (4): 309 - 334.

Imai K, Keele L, Tingley D, et al., 2011. Unpacking the black box of causality: Learning about causal mechanisms from experimental and observational studies [J]. American Political Science Review, 105 (4) 4: 765 - 789.

Ito K, 2015. Asymmetric incentives in subsidies: Evidence from a large-scale electricity rebate program [J]. American Economic Journal: Economic Policy, 7 (3): 209 - 237.

Ito K, Ida T, Tanaka M, 2015. The persistence of moral suasion and economic incentives field experimental evidence from energy demand [J]. National Bureau of Economic Research.

Ito K, Ida T, Tanaka M, 2018. Moral suasion and economic incentives: field experimental evidence from energy demand [J]. American Economic Journal: Economic Policy, 10 (1): 240 – 267.

Jessoe K, Rapson D, 2014. Knowledge is (Less) power: Experimental evidence from residential energy use [J]. American Economic Review, 104 (4): 1417 – 1438.

JIMD Groot, Schuitema G, 2012. How to make the unpopular popular: Policy characteristics, social norms and the acceptability of environmental policies [J]. Environmental Science & Policy, 19 – 20: 100 – 107.

JIMD Groot, Steg L, 2007. Value orientations to explain beliefs related to environmental significant behavior [J]. Environment and Behavior, 40 (3): 330 – 354.

Joireman J A, Lange V, Vugt V, et al., 2010. Structural solutions to social dilemmas: A field study on commuters' willingness to fund improvements in public transit [J]. Journal of Applied Social Psychology, 31 (3): 504 –526.

Kahneman D, Tversky A, 1979. prospect theory: An analysis of decision under risk [J]. Econometrica, 47 (2): 263 – 292.

Karmarkar U R, Bollinger B, 2015. How bringing your own shopping bags leads to treating yourself and the environment [J]. Journal of Marketing, 79 (4): 1 – 15.

Kerkhof A C, Nonhebel S, Moll H C, 2009. Relating the environmental impact of consumption to household expenditures: An input-output analysis [J]. Ecological Economics, 68 (4): 1160 – 1170.

Khandker S R, Koolwal G B, Samad H A, 2010. Handbook on impact evaluation: Quantitative methods and practices [J]. Washington DC.

Kiss G, Pataki G, Köves A, et al., 2017. Framing sustainable consumption in different ways: Policy lessons from two participatory systems mapping exercises in Hungary [J]. Journal of Consumer Policy, 41 (1): 1 – 19.

Koessler A K, Engel S, 2021. Policies as Information Carriers: How Environmental Policies May Change Beliefs and Consequent Behavior [J]. International Review of Environmental and Resource Economics, 15.

Kong Y, Zhang L, 2012. When does green advertising work: The moderating role of product type [J]. Journal of Marketing Communications, 20 (3):

197 -213.

Lanz B，Wurlod J D，Panzone L，et al.，2018. The behavioral effect of Pigovian regulation：Evidence from a field experiment ［J］. Journal of Environmental Economics and Management，87：190 - 205.

Laran J，Janiszewski C，Salerno A，et al.，2019. Nonconscious nudges：Encouraging sustained goal pursuit ［J］. Journal of Consumer Research，46 （2）：307 - 329.

Letki N，2006. Investigating the roots of civic morality：Trust，social capital，and institutional performance ［J］. Political Behavior，28 （4）：305 - 325.

Levin I P，Schneider S L，1998. All frames are not created equal：A typology and critical analysis of framing effects ［J］. Organizational Behavior and Human Decision Processes，76 （2）：149 - 188.

Litvine D，Wüstenhagen R，2011. Helping "light green" consumers walk the talk：Results of a behavioural intervention survey in the Swiss electricity market ［J］. Ecological Economics，70 （3）：462 - 474.

Longo C，Shankar A，Nuttall P，2017. "It's not easy living a sustainable lifestyle"：How greater knowledge leads to dilemmas，tensions and paralysis ［J］. Journal of Business Ethics，154 （3）：759 - 779.

Louviere J J，Lancsar E，2009. Choice experiments in health：the good，the bad，the ugly and toward a brighter future ［J］. Health Econ Policy Law，4 （4）：527 - 546.

Malhotra N K，2005. Attitude and affect：new frontiers of research in the 21st century ［J］. Journal of Business Research，58 （4）：477 - 482.

Matsukawa I，2015. Information Acquisition，dynamic pricing of electricity，and conservation requests evidence from a field experiment ［J］.

Matsukawa I，Asano H，Katimoto H，2000. Household response to incentive payments for load shifting：A Japanese time-of-day electricity pricing experiment ［J］. The Energy Journal，21 （1）：73 - 86.

Nauges C，Whittington D，2019. Social norms information treatments in the municipal water supply sector：Some new insights on benefits and costs ［J］. Water Economics and Policy，5 （3）.

Nilsson A，Hansla A，Heiling J M，et al.，2016. Public acceptability towards environmental policy measures：Value-matching appeals ［J］. Environmental

Science & Policy, 61: 176 - 184.

Nykamp H, 2020. Policy mix for a transition to sustainability: Green buildings in Norway [J]. Sustainability, 12 (2).

Oikonomou V, Flamos A, Zeugolis D, et al. , 2012. A qualitative assessment of EU energy policy interactions [J]. Energy Sources, Part B: Economics, Planning, and Policy, 7 (2): 177 - 187.

Ølander F, Thögersen J, 2014. Informing versus nudging in environmental policy [J]. Journal of Consumer Policy, 37 (3): 341 - 356.

O'Rourke D, Lollo N, 2015. Transforming consumption: From decoupling, to behavior change, to system changes for sustainable consumption [J]. Annual Review of Environment and Resources, 40 (1): 233 -259.

Osbaldiston R, Schott J P, 2011. Environmental sustainability and behavioral science [J]. Environment and Behavior, 44 (2): 257 - 299.

Owens S, 2000. 'Engaging the Public': Information and deliberation in environmental policy [J]. Environment and Planning A: Economy and Space, 32 (7): 1141 -1148.

Park E, Rishika R, Janakiraman R, et al. , 2018. Social dollars in online communities: The effect of product, user, and network characteristics [J]. Journal of Marketing, 82 (1): 93 - 114.

Parminter T, 1999. Designing policy interventions to change environmental behaviours: theory and practice [M].

Peattie K, 2010. Green Consumption: Behavior and norms [J]. Annual Review of Environment and Resources, 35 (1): 195 - 228.

Perino G, Panzone L A, Swanson T, 2014. Motivation crowding in real consumption decisions: who is messing with my groceries [J]. Economic Inquiry, 52 (2): 592 - 607.

Perugini M, Bagozzi R P, 2001. The role of desires and anticipated emotions in goal-directed behaviours: broadening and deepening the theory of planned behaviour [J]. Br J Soc Psychol, 40 (1): 79 - 98.

Petty R E, Cacioppo J T, 1986. The elaboration likelihood model of persuasion [J]. City.

Qian L, Grisolia J M, Soopramanien D, 2019. The impact of service and government-policy attributes on consumer preferences for electric vehicles in

China [J]. Transportation Research Part A: Policy and Practice, 122: 70 - 84.

Ramaswamy V, Ozcan K, 2018. Offerings as digitalized interactive platforms: A conceptual framework and implications [J]. Journal of Marketing, 82 (4): 19 - 31.

Ramiah V, Pichelli J, Moosa I, 2016. The effects of environmental regulation on corporate performance: A Chinese perspective [J]. Review of Pacific Basin Financial Markets and Policies, 18 (4).

Richter J, Friman M, Görling T, 2011. Soft transport policy measures: Gaps in knowledge [J]. International Journal of Sustainable Transportation, 5 (4): 199 - 215.

Rienstra S A, Rietveld P, Verhoef E T, 1999. The social support for policy measure in passenger transport. A statistical analysis for the Netherlands [J]. Transportation Research Part D, 4: 181 - 200.

Rode J, Gómez-Baggethun E, Krause T, 2015. Motivation crowding by economic incentives in conservation policy: A review of the empirical evidence [J]. Ecological Economics, 117: 270 - 282.

Salazar H A, Oerlemans L, Van Stroe-Biezen S, 2013. Social influence on sustainable consumption: evidence from a behavioural experiment [J]. International Journal of Consumer Studies, 37 (2): 172 - 180.

Schor J B, 2005. Sustainable consumption and worktime reduction [J]. Journal of Industrial Ecology, 9: 37 - 50.

Schwartz S H, 1992. Universals in the content and structure of values: Theoretical advances and empirical tests in 20 countries [J]. City.

Schwartz S H, Melech G, Lehmann A, et al., 2001. Extending the cross-cultural validity of the theory of basic human values with a different method of measurement [J]. Journal of Cross-Cultural Psychology, 32 (5): 519 - 542.

Sintov N, Geislar S, White L V, 2017. Cognitive accessibility as a new factor in proenvironmental spillover: Results from a field study of household food waste management [J]. Environment and Behavior, 51 (1): 50 - 80.

Steg L, 2003. Factors influencing the acceptability and effectiveness of transport Pricing [J]. City.

Steg L, 2008. Promoting household energy conservation [J]. Energy Policy,

36 (12): 4449 - 4453.

Steg L, Bolderdijk J W, Keizer K, et al. , 2014. An integrated framework for encouraging pro-environmental behaviour: The role of values, situational factors and goals [J]. Journal of Environmental Psychology, 38: 104 - 115.

Steg L, Vlek C, 2009. Encouraging pro-environmental behaviour: An integrative review and research agenda [J]. Journal of Environmental Psychology, 29 (3): 309 - 317.

Stern P C, 1999. Information, incentives, and proenvironmental consumer behavior [J]. Journal of Consumer Policy, 22: 461 - 478.

Sudarshan A, 2017. Nudges in the marketplace: The response of household electricity consumption to information and monetary incentives [J]. Journal of Economic Behavior & Organization, 134: 320 - 335.

Teeny J D, Siev J J, Briöol P, et al. , 2020. A review and conceptual framework for understanding personalized matching effects in persuasion [J]. Journal of Consumer Psychology.

Thögersen J, 2005. How may consumer policy empower consumers for sustainable lifestyles [J]. Journal of Consumer Policy, 28 (2): 143 - 177.

Tversky A, Kahneman D, 1974. Judgment under uncertainty: Heuristics and biases [J]. Science, 185: 1124 - 1130.

Valeri E, Gatta V, Teobaldelli D, et al. , 2016. Modelling individual preferences for environmental policy drivers: Empirical evidence of Italian lifestyle changes using a latent class approach [J]. Environmental Science & Policy, 65: 65 - 74.

Van Gossum P, Art B, Verheyen K, 2012. "Smart regulation": Can policy instrument design solve forest policy aims of expansion and sustainability in Flanders and the Netherlands [J]. Forest Policy and Economics, 16: 23 -34.

Van Gossum P, Arts B, Verheyen K, 2010. From "smart regulation" to "regulatory arrangements" [J]. Policy Sciences, 43 (3): 245 - 261.

Varotto A, Spagnolli A, 2017. Psychological strategies to promote household recycling. A systematic review with meta-analysis of validated field interventions [J]. Journal of Environmental Psychology, 51: 168 - 188.

Veldwijk J, Lambooij M S, de Bekker-Grob E W, et al. , 2014. The effect of including an opt-out option in discrete choice experiments [J]. PLoS One, 9 (11): e111805.

Verplanken B, Holland R W, 2002. Motivated decision making: Effects of activation and self-centrality of values on choices and behavior [J]. Journal of Personality and Social Psychology, 82 (3): 434 – 447.

Von Borgstede C, Andersson M, Hansla A, 2014. value-congruent information processing: The role of issue involvement and argument strength [J]. Basic and Applied Social Psychology, 36 (6): 461 – 477.

Wang Y, Shen N, 2016. Environmental regulation and environmental productivity: The case of China [J]. Renewable and Sustainable Energy Reviews, 62: 758 – 766.

Wesley Schultz P, 2001. The structure of environmental concern: Concern for self, other people, and the biosphere [J]. Journal of Environmental Psychology, 21 (4): 327 – 339.

White K, Habib R, Hardisty D J, 2019. How to SHIFT consumer behaviors to be more sustainable: A literature review and guiding framework [J]. Journal of Marketing, 83 (3): 22 – 49.

Wicki M, Huber R A, Bernauer T, 2019. Can policy-packaging increase public support for costly policies: Insights from a choice experiment on policies against vehicle emissions [J]. Journal of Public Policy: 1 – 27.

Wiese C, Larsen A, Pade L L, 2018. Interaction effects of energy efficiency policies: a review [J]. Energy Efficiency, 11 (8): 2137 – 2156.

Wolff F, Schönherr N, 2011. The impact evaluation of sustainable consumption policy instruments [J]. Journal of Consumer Policy, 34 (1): 43 – 66.

Wolff F, Schönherr N, Heyen D A, 2016. Effects and success factors of sustainable consumption policy instruments: A comparative assessment across Europe [J]. Journal of Environmental Policy & Planning, 19 (4): 457 – 472.

Wunder S, Brouwer R, Engel S, et al., 2018. From principles to practice in paying for nature's services [J]. Nature Sustainability, 1 (3): 145 – 150.

Ye B, Li L, 2020. Environmental regulation and responses of local governments [J]. China Economic Review, 60.

Zhang C, Phang C W, Wu Q, et al., 2017. Nonlinear effects of social connections and interactions on individual goal attainment and spending: Evidences from online gaming markets [J]. Journal of Marketing, 81 (6): 132 – 155.

Zhang Y, Trusov M, Stephen A T, 2017. Online shopping and social media: Friends or foes [J]. Journal of Marketing, 81 (6): 24 – 41.

附　　录

附录1　政策实验的情景展示

环境受益信息的干预（仅以打印纸的情景1至情景6为例）

＊1. 使用1张环保可再生打印纸可以节能约1.8克标准煤，相应减少二氧化碳排放4.7克，请再次确认您的选择

○ A品牌环保可再生打印纸 5包/箱 119元

○ A品牌非可再生打印纸 5包/箱 95元

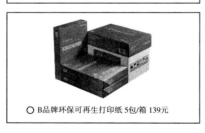

○ B品牌环保可再生打印纸 5包/箱 139元

○ B品牌非可再生打印纸 5包/箱 111元

自我受益信息的干预

＊1. 纸张的白度过高、光线反射过强对阅读是不利的，环保可再生打印纸的白度较低，可以起到保护视力的作用，请再次确认您的选择

○ A品牌环保可再生打印纸 5包/箱 119元

○ A品牌非可再生打印纸 5包/箱 95元

○ B品牌环保可再生打印纸 5包/箱 139元

○ B品牌非可再生打印纸 5包/箱 111元

环境受益信息嵌入经济激励的干预

＊1. 使用1张可再生打印纸可以节能约1.8克标准煤，相应减少二氧化碳排放4.7克，政府为鼓励可再生打印纸的使用，对可再生打印纸实行政策补贴，每箱可以享受10％的折扣，请再次确认您的选择

107.1元 ~~119元~~
○ A品牌环保可再生打印纸 5包/箱

○ A品牌非可再生打印纸 5包/箱 95元

125.1元 139元
○ B品牌环保可再生打印纸 5包/箱

○ B品牌非可再生打印纸 5包/箱 111元

自我受益信息嵌入经济激励的干预

*1. 纸张的白度过高、光线反射过强对阅读是不利的，环保可再生打印纸的白度较低，可以起到保护视力的作用，政府为鼓励可再生打印纸的使用，对可再生打印纸实行政策补贴，每箱可以享受 10%的折扣，请再次确认您的选择

107.1元 119元
○ A品牌环保可再生打印纸 5包/箱

○ A品牌非可再生打印纸 5包/箱 95元

125.1元 139元
○ B品牌环保可再生打印纸 5包/箱

○ B品牌非可再生打印纸 5包/箱 111元

单一经济激励干预

*1. 政府为鼓励可再生打印纸的使用，对可再生打印纸实行政策补贴，每箱享受10%的折扣，请再次确认您的选择

107.1元 ~~119元~~

○ A品牌环保可再生打印纸 5包/箱

○ A品牌非可再生打印纸 5包/箱 95元

125.1元 ~~139元~~

○ B品牌环保可再生打印纸 5包/箱

○ B品牌非可再生打印纸 5包/箱 111元

环境受益信息嵌入控制命令型干预

*1. 使用1张环保可再生打印纸可以节能约1.8克标准煤，相应减少二氧化碳排放4.7克，为保护环境，政府出台指导性政策对非可再生纸类产品进行限制，请再次确认您的选择

○ A品牌环保可再生打印纸 5包/箱 119元

○ A品牌非可再生打印纸 5包/箱 95元
（已超出限额，无法购买）

○ B品牌环保可再生打印纸 5包/箱 139元

○ B品牌非可再生打印纸 5包/箱 111元
（已超出限额，无法购买）

○ 放弃购买

附录 2　作用机制变量的测量

维度	测量题项	量表类型
身份认同	1. 绿色产品与我自身形象相符 2. 购买绿色产品我会成为更好的人	七级量表
行为认同	3. 我购买绿色产品源于可以对环保做贡献 4. 我购买绿色产品源于可以享受绿色产品独有的产品特性	
政策认同	5. 绿色消费的监管政策与我的价值理念相匹配 6. 我认同对非绿色消费行为的限制性监管政策	
行为成本	7. 在购买绿色产品时我没有花费很多时间 8. 绿色产品的价格我可以接受	

附录 3　我国推进绿色消费的相关监管政策

颁布时间	颁布部门	文号	政策名称
2007 年	国务院办公厅	国办发〔2007〕72 号	国务院办公厅关于限制生产销售使用塑料购物袋的通知
2008 年	商务部、国家发展改革委、国家工商总局	商务部、发展改革委、工商总局令 2008 年第 8 号	《商品零售场所塑料购物袋有偿使用管理办法》
2009 年	国务院办公厅	国办发〔2009〕第 44 号	国务院办公厅关于转发发展改革委等部门促进扩大内需鼓励汽车家电以旧换新实施方案的通知
2010 年	商务部、国家发展改革委、环境保护部等	商商贸发〔2010〕220 号	关于在餐饮与饭店业开展减少使用一次性筷子工作的通知
2010 年	财政部、商务部、环境保护部	财建函〔2010〕6 号	关于家电以旧换新推广实施申报工作的通知
2012 年	财政部、住房和城乡建设部	财建〔2012〕167 号	关于加快推动我国绿色建筑发展的实施意见
2014 年	商务部办公厅、中宣部办公厅、国家发展改革委办公厅	商办流通函〔2014〕803 号	关于组织开展低碳节能绿色流通行动的通知
2015 年	国家质量监督总局、国家发展改革委	国家质量监督检验检疫总局、国家发展和改革委员会令第 168 号	《节能低碳产品认证管理办法》

附　录

颁布时间	颁布部门	文号	政策名称
2015 年	环境保护部	环发〔2015〕135 号	关于加快推动生活方式绿色化的实施意见
2015 年	中共中央、国务院		《生态文明体制改革总体方案》
2015 年	国务院	国发〔2015〕66 号	关于积极发挥新消费引领作用加快培育形成新供给新动力的指导意见
2016 年	国家发展改革委、中宣部、科技部等十部门	发改环资〔2016〕353 号	印发关于促进绿色消费的指导意见的通知
2016 年	国务院办公厅	国办发〔2016〕86 号	关于建立统一的绿色产品标准、认证、标识体系的意见
2018 年	国家发展改革委	发改价格规〔2018〕943 号	关于创新和完善促进绿色发展价格机制的意见
2018 年	商务部办公厅	商办流通函〔2018〕137 号	关于做好 2018 年绿色循环消费有关工作的通知
2018 年	国务院办公厅	国办发〔2018〕93 号	关于印发完善促进消费体制机制实施方案（2018—2020 年）的通知
2018 年	国家认证认可监督管理委员会	2018 年第 13 号	关于发布绿色产品认证标识的公告
2018 年	中共中央、国务院		关于完善促进消费体制机制进一步激发居民消费潜力的若干意见
2019 年	国家发展改革委、工业和信息化部、财政部等七部门	发改环资〔2019〕1054 号	关于印发《绿色高效制冷行动方案》的通知

（续）

颁布时间	颁布部门	文号	政策名称
2019 年	国家市场监督管理总局、国家标准化管理委员会	国家标准公告 2019 年第 6 号	关于批准发布《绿色包装评价方法与准则》等国家标准和国家标准修改单的公告
2019 年	市场监管总局	国家市场监督管理总局公告 2019 年第 20 号	关于发布《绿色产品标识使用管理办法》的公告
2019 年	国家发展改革委、生态环境部、商务部	发改产业〔2019〕967 号	关于印发《推动重点消费品更新升级畅通资源循环利用实施方案（2019—2020 年）》的通知
2019 年	国家发展改革委	发改环资〔2019〕1696 号	关于印发《绿色生活创建行动总体方案》的通知
2020 年	国家发展改革委等二十三部门	发改就业〔2020〕293 号	关于促进消费扩容提质加快形成强大国内市场的实施意见
2020 年	国家发展改革委、司法部	发改环资〔2020〕379 号	印发《关于加快建立绿色生产和消费法规政策体系的意见》的通知
2020 年	市场监管总局、国家发展改革委、科技部、工业和信息化部、生态环境部、住房城乡建设部、商务部、邮政局	国市监标技〔2020〕126 号	关于加强快递绿色包装标准化工作的指导意见

附录4　我国推进绿色消费的标志性政策事件与关键表述概览

标志性政策事件	关键表述
九五计划	增强全民环保意识，合理引导消费
十五计划	开展全民环保教育，提高全民环保意识，推行绿色消费方式。节约保护资源，实现永续利用
党的十七大	深入贯彻落实科学发展观。坚持生产发展、生活富裕、生态良好的文明发展道路，建设资源节约型、环境友好型社会。要完善有利于节约能源资源和保护生态环境的法律和政策，加快形成可持续发展体制机制
"十二五"规划	大力发展循环经济。加快推行清洁生产。推进生产、流通、消费各个环节循环经济发展，加快构建覆盖全社会的资源循环利用体系。倡导文明、节约、绿色、低碳消费理念，推动形成与我国国情相适应的绿色生活方式和消费模式
党的十八大	大力推进生态文明建设。着力推进绿色发展、循环发展、低碳发展，形成节约资源和保护环境的空间格局、产业结构、生产方式、生活方式，从源头上扭转生态环境恶化趋势，为人民创造良好生产生活环境，为全球生态安全作出贡献
"十三五"规划	必须牢固树立和贯彻落实创新、协调、绿色、开放、共享的新发展理念。坚持绿色富国、绿色惠民，为人民提供更多优质生态产品，推动形成绿色发展方式和生活方式，协同推进人民富裕、国家富强、中国美丽
党的十九大	实行最严格的生态环境保护制度，形成绿色发展方式和生活方式。加快建立绿色生产和消费的法律制度和政策导向。倡导简约适度、绿色低碳的生活方式，反对奢侈浪费和不合理消费，开展创建节约型机关、绿色家庭、绿色学校、绿色社区和绿色出行等行动
党的十九届四中全会	生态文明建设是关系中华民族永续发展的千年大计。完善绿色生产和消费的法律制度和政策导向
党的十九届五中全会	生产生活方式绿色转型成效显著是"十四五"时期经济社会发展主要目标之一

附录 5   国际推进绿色消费（可持续消费）的标志性事件与主要内容概览

标志性事件	主要内容
1992 年巴西里约热内卢联合国环境与发展会议	会议通过的《21 世纪议程》，发出了实现经济社会发展取决于全球消费的根本变化以及生产模式的呼声
2002 年约翰内斯堡首脑会议	建议制定和促进可持续消费和生产的地区和国家层面的十年框架协议，包含明确监管政策工具、评估机制，通过教育、消费者信息宣传来提升消费者意识的项目，发展和采用消费者信息工具等
2012 年联合国可持续发展会议	强调"社会消费和生产方式的根本变化是实现全球可持续发展不可或缺的"
2015 年联合国大会第七十届会议	通过《2030 年议程》，将"确保可持续消费和生产模式"作为联合国可持续发展的目标之一，这一目标建立在一个共识之上，即"所有国家都应促进可持续的消费和生产模式"

后　记

　　本书是在我的博士论文的基础上进一步研究修改而成的，我的博士论文有幸成为浙江省优秀博士学位论文提名论文。本书在研究内容上做了扩充，并且增加了研究样本量，进一步丰富了嵌入式监管政策工具的实施效果与作用机制分析。本书得以完成，首先要感谢我的恩师——浙江财经大学工商管理学院院长王建明教授，在攻读博士学位的三年时间里，是老师的悉心栽培使我的学术能力得到了充分锻炼，并开阔了我的研究视野。老师身体力行地展示了一个学者的风范，他时常教导我做事要具备四心：信心、恒心、决心和真心；做事要"慢事急做，急事慢做""把复杂的事情简单化，把简单的事情重复做，重复的事情用心做"等等，这让我受益匪浅。在博士论文撰写以及后期修改完善过程中，王老师提出了大量建设性意见，给予了我莫大的帮助。如果这本书还有一些有价值的内容，那也是凝结着恩师的心血。

　　感谢在博士论文写作过程中为我答疑解惑的老师们，他们是浙江财经大学高键老师、张肇中老师、张雷老师、甄艺凯老师、王磊老师。各位老师对我遇到的问题都极其认真地、毫无保留地进行解答，我均铭记在心！

　　感谢浙江农林大学经济管理学院朱臻教授、龙飞教授、祁慧博教授，几位老师无论是在教学工作上还是科研上都给予了我无私的帮助与鼓励，如果没有学院、学科和专业的大力支持，我不可能如此迅速地完成本书。

感谢我的同事、同学和师门的兄弟姐妹们，在我倍感压力、困惑彷徨时，是他们的鼓励和陪伴带我走出低潮，继续前行。特别感谢我的家人对我的理解与包容，我早已过了可以任性读书的年纪，是他们让我还可以继续"任性"，并且能够心无旁骛地继续开展学术研究。一个人的努力背后是一个家庭、甚至多个家庭的默默支持与付出，感谢我的先生对我无条件的支持，感谢我的父母总能及时出现为我们排忧解难，感谢我的婆婆牺牲自己的时间为我们忙前忙后，我唯有感恩！感谢我的一双儿女小满和小谷，他们是我前进的动力。

当然，前进的路途是充满曲折与未知的，我要感谢我的硕士导师张荣教授、亦师亦友的刘中文教授，是二位前辈在我的人生转折点上给出了关键性的建议，谢谢他们带领、指引我走出前途未卜的黑暗。我十分敬重的老领导陆芸教授，她对我的肯定与关心依然在鼓舞我无所畏惧地前行。还有更多的老师、同事、朋友、亲人在为我默默付出，这里不可能一一提及，但我必心怀感恩，铭记于心。

本书能够顺利出版，还要感谢浙江农林大学文科精品文库的大力支持与资助，中国农业出版社姚佳副编审为本书的操劳，在此一并表示感谢。

　　由于知识的匮乏与能力的欠缺，本书的一些观点难免片面粗糙，恳请各位专家学者、同仁批评指正，在此先行谢过。

　　本书的出版是对我博士求学生涯的总结，亦是学术研究的新起点。过往皆为序章，来日方可期许。我将谨记恩师王老师的教诲，在今后的学习与工作中，领悟与践行"大江东流、静水深流、细水长流"，不忘初心、静心沉淀、悉心坚守。

赵婧

2023 年 6 月于杭州